ビギナーズ 日本の思想

道元「典座教訓」

禅の食事と心

道元
藤井宗哲＝訳・解説

角川文庫
15809

はじめに

藤井《ふじい》宗哲《そうてつ》老師は三年前に遷化された。老師の絶筆がこの書である。老師は道元《どうげん》禅師の『典座教訓《てんぞきょうくん》』には強い思いと、畏敬《いけい》をもっておられ、そのことを一番知っていらっしゃる奥様の老師の『典座教訓』を残したいという意向から、私が未完成部分を加筆してこの本が出来上がった。

私がこの本の原稿を受け取ったのは一周忌が過ぎた頃である。最初、編集の方から、原稿がほとんど出来ていてほんの少し書き加えれば良いと聞かされ、軽く引き受けてしまった。ところが訳は出来ていたのだが、評釈の部分が三分の一残っていた。その残りの部分とは、『典座教訓』の一番大切な後半部分だった。原稿を見れば老師と編集の方との格闘の跡が残っていた。良いものを残したいというお互いの思いがぶつかり合っていた。とんでもないものを私は引き受けてしまった。原稿を渡されて、二年間何度も諦《あきら》め、後悔し、挫折《ざせつ》感を味わっていた。これくらい禅僧を苦しめ、日々に問いかけてくる本はない。学者ならさらりと書けることも『食』を修行とする者にとって評釈の一語一語が己の境地となる。老師は破天荒な方だが、真面目な方だったんだなと、しみじみ感じた。私も何度筆が止まったことか。己が書いた言葉に嘘はないかと……。つい問いかけてしまう。それでも投げ出す事が出来なかった。苦しめば苦しむ程、境地が深まっていった。「忍昭《にんしょう》和尚頼んだよ」という老師の声が何処からともなく聞こえてくるのである。

私が宗哲老師で思い出すのは、お話をするとき「僕は思うんだけど……」というのが口癖だったことで、なかなか坊さんで、「僕が」という人がいないものだから、とても新鮮だった。見た目眼光鋭く、いかにも厳しい禅僧の風貌《ふうぼう》から「僕は」と、くるのだからびっくりする。老師に最初にお会いしたのは二〇〇一年九月だった。鎌倉《かまくら》の宝戒寺《ほうかいじ》での友人の個展である。奥様の料理研究家まりさんとは何度かお会いしたことがあったが、老師とは本やTVなどでお見かけするだけで、生でお会いするのは初めてだった。老師はそのころ病み上がりで少しよたよたされていた。まだ六十そこそこだったが、私の目からはかなりのお歳に見えた。まず、奥様が、私を老師に紹介された。「この方は前に話した、絵も描き、精進料理も教え、あなたと同じ野良坊主の忍昭さんですよ」と、云われた。すると、老師は厳めしい顔をくしゃくしゃにし、「僕は、藤井宗哲です」と一言。私は、この「僕」という一言に惚《ほ》れた。この「僕」から醸し出すモダンと老古仏のミスマッチが私の壺《つぼ》にはまってしまったのだ。老師も野良坊主にいたく共感したらしい。その後何度か庵《いおり》を訪ねてゆくと老師は、何時も威儀を正し迎えてくれた。最初の出会いが宗哲和尚と私の『面授』だったのかもしれない。

　私が十から十八の評釈部分を完成させ、原文部分を校訂しなおし、全体を統一、「修行定食」として老師の残したレシピをコラムとして加え、この一書をなすことができた。老師の導きに感謝したい。

柿沼忍昭

二〇〇九年五月

目次

コラム

コラム図版／柿沼忍昭　本文図版／三角亜紀子

一　典座の心得

禅修行の道場として、創建の時に六職の統治統括、運営の責任指導者を設けた。全員がお釈迦《しゃか》さまの弟子であり、お示し下された法にのっとり、悟らんと、日夜修行に励んでいる。なかでも、その一職典座《いっしきてんぞ》は、一山の雲水たちの食事係としての責務をはたしている。

宋《そう》の長蘆宗賾禅師《ちょうろそうさくぜんじ》が撰述《せんじゅつ》の『禅苑清規《ぜんねんしんぎ》』に、次のように記されている。

――多くの僧たちに、食を供え捧《ささ》げる。これが典座である。

と。


昔から、自身は悟道を求め、人々を安らかにせんと心戒める上士《じょうし》、不惜身命《ふしゃくしんみょう》で勤める高士《こうし》が担当してきた一職である。

もし、求道心がなければ、ただ、辛《つら》くって苦しいだけの仕事で、なんら益はない。

『禅苑清規』に、こういう。

——なにごとにおいても、仏道を求める心を働かせ、常に工夫して、人々がその食事で、心がやすらぐようにと、心がける。

唐《とう》末の、潙山霊祐禅師《いさんれいゆうぜんじ》、洞山守初禅師《とうざんしゅしょ》のような高徳な祖師方、その他人格高い祖師、諸禅師もこの職を刻苦して勤められてこられた。その勤めぶりは、禅修行の一環との食事作りで、世間の料理人、給仕人などと同じように思ってはいけない。

私が、宋国天童山景徳寺《そうこくてんどうさんけいとくじ》で修行していたある日、暇だった一時《ひととき》のこと、長年修行している諸先輩方に、私がまだしっかり理解できていない、典座職について、いろいろ質問をした。

彼らは、自分が体験したこと、また、実際に見たり、聞いている、諸々を説明して下さり、さらには、願心が深く、真摯《しんし》に仏道を求めた諸祖師方の、究極の心底をも語って下さった。そして、誰方も最後に必ず、

——『禅苑清規』を腹からよく読みなさい、そしてから改めて、何十年の修行されてきた諸老に、なにがどうわからないか、細《こまか》い点を聞けばいい。

そう、おっしゃった。

仏家《ぶっけ》に本《もと》従《よ》り六知事《ろくちじ》有《あ》り、共《とも》に仏子《ぶっし》為《た》りて、同《とも》に仏事《ぶつじ》を作《な》す。就中《なかんずく》、典座《てんぞ》の一職《いっしき》は、是《こ》れ衆僧《しゅぞう》の弁食《べんじき》を掌《つかさど》る。『禅苑清規《ぜんねんしんぎ》』に云《い》う、「衆僧《しゅぞう》を供養《くよう》す、故《ゆえ》に典座《てんぞ》有《あ》り」と。古《いにしえ》従《よ》り道心《どうしん》の師僧《しそう》、発心《ほっしん》の高士《こうし》、充《あ》てられ来《きた》りし職《しょく》なり。蓋《けだ》し一色《いっしき》の弁道《べんどう》に猶《よ》る。若《も》し道心無《どうしんな》くば、徒《いたず》らに辛苦《しんく》に労《ろう》して、畢竟益無《ひつきようえきな》きなり。『禅苑清規《ぜんねんしんぎ》』に云《い》う、「須《すべか》らく道心《どうしん》を運《めぐ》らして、時《とき》に随《したが》って改変《かいへん》し、大衆《だいしゅ》をして受用《じゅゆう》し安楽《あんらく》ならしむべし」と。昔日《せきじつ》、潙山《いさん》・洞山等《とうざんら》之《こ》れを勤《つと》め、其《そ》の余《よ》の諸大師《しょだいし》も、曾《かつ》て経来《へきた》れるなり。所以《ゆえ》に世俗《せぞく》の食厨子《じきずし》及《およ》び饌夫等《せんぷら》に同《おな》じからざる所以《ゆえん》の者か。山僧《さんぞう》、宋《そう》に在《あ》りし時《とき》、暇日《かじつ》に、前資勤旧等《ぜんしごんきゆうら》に諮問《しもん》するに、彼等《かれら》聊《いささ》か見聞《けんもん》を挙《あ》げて、以《もっ》て山僧《さんぞう》の為《ため》に説《と》く。此《こ》の説似《せつじ》は、古来有道《こらいうどう》の仏祖《ぶっそ》の遺《のこ》せし所《ところ》の骨髄《こつずい》なり。大抵《たいてい》は須《すべか》らく『禅苑清規《ぜんねんしんぎ》』を熟見《じゅくけん》すべし。然《しか》る後《のち》に、須《すべか》らく勤旧《ごんきゅう》の子細《しさい》の説《せつ》を聞《き》くべし。

——仏家に、もとより六知事《ろくちじ》あり。

の、この仏家とは、禅宗、それも曹洞宗《そうとうしゅう》をいう。どうして道元《どうげん》禅師は、仏家とおっしゃったのか。

禅師は、私こそが釈尊の直孫であると言い切った。そういえば、『正法眼蔵《しょうぼうげんぞう》』『護国正法義《ごこくしょうぼうぎ》』『永平広録《えいへいこうろく》』などの著書にも、曹洞宗の文字は見られない。釈尊の御教えを信奉しているのだから、それでいいんだという、お考えであるから。そう、ぼくは理解をしている。

それと、禅宗では、朝課《ちょうか》、暁闇《ぎょうあん》の朝勤めで、釈尊から中国、日本と法を継がれた、祖師代々の法名を唱え上げる。逓代伝法録《ていだいでんぽうろく》という。これは、釈尊の法脈に継がる、禅者としてのありがたさ、喜び、戒めとしての、自身へのいい聞かせである。禅師の時代も、もちろん同じである。だからこそ、仏家と胸を張っておっしゃる。

六知事。中国へ仏教が渡ってからの、役職である。七世紀の初め、禅宗教団ができ、一山に八百人から千人の僧が修行していた。彼らが、心置きなく日常生活がスムーズにいくようにと、管理、世話をする者を置いた。この職は、修行歴の長い僧が勤めることになっている。このシステムは、現在も同じである。僧堂では、常住という。

禅師の時代は、次のとおりである。

都寺《つうす》、僧堂、つまり、一山の総監督。

監寺《かんす》、事務長、僧堂の責任者。

副寺《ふうす》、会計、出納《すいとう》を担当。

維那《いの》、雲水の監督、指導者。

典座、食事、湯茶の担当。

直歳《しっすい》、伽藍《がらん》の整備や、田畑、山林の管理、監督。

である。

現在での、臨済宗《りんざいしゅう》でいえば、

知客《しか》、監寺と同じ。

副司《ふうす》、全く同じ。

直日《じきじつ》、維那である。

典座、これは同じ。

三応《さんのう》、住職の世話、秘書。

副随《ふずい》、副司寮の下役。

園頭《えんず》、直歳と同じ。

で、ある。

その中でも典座は、一山の僧達の、いのちとこころを整える、大事な責務を任されている。


余談だが、ぼくは十年以上僧堂暮しをしてきたが、どういうわけか知らないが典座ばかり勤めていた。おそらく、五歳からの小僧上りということだったからかも知れない。おかげでこの一書を受けもつことになった。前世からの約束かも知れない。


ぼくが相変らず、典座を勤めていた頃だった。

僧堂の食事は、枯淡そのもので、年老いれば、これでも充分こと足りるだろう。雲水は、二十代、三十代の若人《わこうど》である。入門早々は、あまりの質朴に面くらうらしいが、慣れとはよくいったもの、一ヶ月も過《た》つと、もうあたりまえにいただいている。雲水腹の定着である。ある信者さんが、典座を眺めていていてびっくりされたのか、

――これで、よくもちますねえ。

といわれた。

質素な食事とは聞いていたが、ここまでも、そう驚かれたのであろう。仕方なく、ぼくは、

――死なない程度のおまじない。生かされている証《あか》しですよ。

といいながら、気障なことを口にしたことである。いいものを食べたければ、世間へ出て働いて食べるがいい。僧堂ではよく言う。

――いやなら止しゃいい。それで死ぬなら、それもいい。

来る者拒まず、去る者追わず。いたって、簡単である。それが、禅である。

若かったぼくは、心の中でそううそぶいていた。その思い上り、修行のさびがついていたのかも知れない。

雲水の食事は、単にわが身体を養うためだけでなく、心のバランスを量り、同時に、人々が心やすらいでくれるよう、祈りながらいただいている。これを、禅者は、

――上求菩提《じょうぐぼだい》、下化衆生《げけしゅじょう》。

と、いう。

禅寺のたたずまい

なんとしても、釈尊の歩まれた道を究めたい。後輩を指導しながら自らも励む、そういった心がけの雲水が、この典座職にあたった。つまり、典座での食事作りも、参禅弁道と少しも変らない。

さらにいえば、典座でご飯、汁を作る、これ自体が、上求菩提、下化衆生そのものである。道心のない典座が勤めたとしたら、ただ苦しくって、辛《つら》いだけの仕事で、なんら心の養いにはならない。

この平成の御世、科学が一分ごとに進み、文化が隅々にまでゆき渡り、なにをするにも、しようと思っても、簡単に思いのままとなった。それがあたりまえになっている。なれきってしまった。道学者ぶるわけではないが、ぼくはなんだか、こわい。

いっぽう、その分だけこの世の全てに、思いやり慈しむということが忘れられて久しい。良くも悪くも、自己のみをいたわる。潤いのない典座の、そんな心をもっとも卑しむ。

先徳は目先の自利利他を、超越してしまっている。無心の境界で日々を暮していた。

それと、これはぼくの想像だが、禅師は長年、典座を勤められた、唐《とう》代の高徳、潙山霊祐、洞山守初両禅師こそが真の典座として、事あるたびに偲《しの》んでおられたのではないか。

ふと、思い出した。小僧の頃である。もう中学生になっていたろうか。ぼくの先師、菅宗信《すがそうしん》和尚は、

――聞くは耳、見るは眼のものなれば、心は何の主《あるじ》なるらむ。

誰方の歌やったか。

鳥の声、風の音、お前さんはどうとらまえて聞いているか。

ぼくへの問いかけだった。

それと、

――人の話を心して聞くこと、これが和のはじまり。

とも。

禅師は、聞き上手の人ではなかったか。そう思えてならない。

――聞くままに又心なき身にしあらば己れなりけり軒の玉水（傘松道詠集《さんしょうどうえいしゅう》）

ふっと、禅師の道歌を思い出した。

料理心得

一には　食材を管理するには、自分の瞳《ひとみ》のように大事にしよう。

二には　米を洗い、菜を調える時、真心をこめ細心の注意をはらおう。

三には　「三徳六味」をそなえた食事作り。

四には　食材の量、質の良し悪しに一喜一憂せず親切丁寧に調理しよう。

五には　たとえ粗末な汁をつくるときも、手抜きをしてはならない。

六には　たとえ上等な牛乳入りの料理でも、特別な心を起こしてはならない。

七には　執着を払うのが、仏道修行である。

八には　ご飯を炊くには、お釜《かま》が自己となる。

九には　米をとぐときは、水そのものが自己となる。

十には　食材と道具は自己そのものなり。分離することなかれ。

十一には　食事を作ることは有り難きこと、喜びの心をもとう。

十二には　食べ物をあつかうには、親が子供を思いいたわるような心をもとう。

十三には　食事をつくる姿勢は、一方に偏らないという大きな心をもちなさい。

二　典座のつとめ

ここで、典座《てんぞ》の勤めぶりを紹介しよう。

この職の一日のスケジュールというのは、昼食が終り、後始末がすんだら、都寺《つうす》、監寺《かんす》らと、明日の献立、食材、その量などについて打合せの会議を持つ。お米、野菜などである。

典座は受取ったら、これらを一ヶ所へ安置するが、自分の瞳《ひとみ》と思って、いつくしみ、大切に管理しなさい。保寧《ほねい》山の仁勇禅師《にんゆうぜんじ》は、ずばり、──集まった食材は、わが瞳そのものである。だから、わが命、心そのものと思って、大切に扱わなければいけない。

典座は食材を受け取ったら、六知事《ろくちじ》と庫裡《くり》で、どんな献立で、どの食材を使って、朝、昼の食事にするかを打合せる。

『禅苑清規《ぜんねんしんぎ》』に、

——食材と、朝、昼の献立と、食べる人数の確認を、典座は、六知事とよく相談しなければならない。知事とは、都寺、監寺、副司《ふうす》、維那《いの》、典座、直歳《しっすい》の六人である。

食べる雲水の人数を確認し、しっかり確定できたら、住職の部屋、雲水たちの寮舎の前の告報板に、献立を書いて、下げておく。こうしておいて、明日の食事の準備をする。

お米をとぎ、野菜を洗い、切る。親が子をいつくしむように、ひたすら真心を込めて、わずかでも、いいかげん、他人事《ひとごと》と思わず、綿密に、決して気をゆるめてはいけない。

米をといだり、野菜を調理する時は、典座みずから、親切丁寧に仕事をしていくのは言うまでもない。寸心も疎《おろそ》かにせず、手抜きをしたり、怠ったり、心に緩みが生じて気を散らしたり、一つの事は密々にするが、他のことはいいかげん、というようなことがあってはいけない。功徳の大海は一滴ずつ寄り集まって広がり、善根《ぜんこん》の山も塵《ちり》が積み重なって生じるのだ。だからこそ、一滴一塵《いちじん》も疎かにできない。

『禅苑清規』に、

――苦い、酢い、甘い、辛い、しおからい、淡い、の六味。軽やかで、ふっくらとして、舌ざわりが心地よく、一点の不純もなく、あるべきように料理された三つの品徳が、どれ一つ欠けても、一山すべての人々に供養した、などとはいえない。

お米の中に砂利が混じってないかと、砂利ばかりに心がむき、逆に砂利を取り除こうとして、つい、お米をおろそかに見がちとなる。これは偏見というべきか。杜撰《ずさん》である。

全体を細やかに注意し、いいかげんな心でなければ、食事の見た目も、ふくよかな味わいも、自然に備わってくる。

所謂《いわゆる》、当職《とうしょく》の一日夜《いちじつや》を経《ふ》るに、先《ま》ず斎時《さいじ》罷《おわ》りて、都寺《つうす》・監寺《かんす》等《ら》の辺《へん》に就《つ》きて、翌日《よくじつ》の斎粥《さいしゆく》の物料《もつりよう》を打《た》す。所謂米菜等《いわゆるべいさいとう》なり。打《た》し得《え》了《おわ》らば、之《こ》れを護惜《ごしやく》すること眼睛《がんぜい》の如《ごと》くせよ。保寧《ほねい》の勇禅師《ゆうぜんじ》曰《いわ》く、「眼睛《がんぜい》なる常住物《じようじゆうもつ》を護惜《ごしやく》せよ」と。之《こ》れを敬重《きようじゆう》すること、御饌草料《ぎよせんそうりよう》の如《ごと》くせよ。生物《しようもつ》・熟物《じゆくもつ》、倶《とも》に此《こ》の意《い》を存《そん》せよ。

次《つぎ》に諸《もろもろ》の知事《ちじ》は、庫堂《くどう》に在《あ》りて、「明日《あす》は甚《なん》の味《あじ》を喫《きつ》し、甚《なん》の菜《さい》を喫《きつ》し、甚《なん》の粥《しゆく》を設《もう》く」等《など》を商量《しようりよう》す。『禅苑清規《ぜんねんしんぎ》』に云《い》う、「如《も》し物料并《もつりようならび》に斎《さい》・粥《しゆく》の味《あじ》と数《すう》とを打《た》せんには、並《ならび》に預《あらかじ》め先《ま》ず、庫司知事《くすちじ》と商量《しようりよう》せよ」と。所謂《いわゆる》、知事《ちじ》とは都寺《つうす》・監寺《かんす》・副司《ふうす》・維那《いの》・典座《てんぞ》・直歳《しつすい》有《あ》るなり。味《あじ》と数《すう》とを議定《ぎじよう》し了《おわ》らば、書《か》きて方丈《ほうじよう》・衆寮等《しゆりようとう》の厳浄牌《ごんじようはい》に呈《てい》せよ。然《しか》る後《のち》に、明朝《みようちよう》の粥《しゆく》を設弁《せつべん》す。

米《こめ》を淘《よな》げ、菜《さい》を調《ととの》うる等《とう》は、自手《みずか》ら親《した》しく見《み》、精勤誠心《しようごんじようしん》にして作《な》し、一念《いちねん》も疎怠緩《そたいかん》慢《まん》にして、一事《いちじ》は管看《かんかん》するも、一事《いちじ》は管看《かんかん》せざることあるべからず。功徳海中《くどくかいちゆう》、一《いつ》滴《てき》も也《ま》た譲《ゆず》ること莫《な》く、善根山上《ぜんこんさんじよう》、一塵《いちじん》も亦《また》積《つ》むべきか。

『禅苑清規《ぜんねんしんぎ》』に云《い》う、「六味《ろくみ》精《くわ》しからず、三徳給《さんとくそなわ》らざるは、典座《てんぞ》の衆《しゆう》に奉《ぶ》する所以《ゆえん》に非《あら》ざるなり」と。先《ま》ず米《こめ》を看《み》んとするに、便《すなわ》ち砂《すな》を看《み》、先《ま》ず砂《すな》を看《み》んとするに、便《すなわ》ち米《こめ》を看《み》て、審細《しんさい》に看来《みきた》り看去《みさ》りて放心《ほうしん》すべからずば、自然《じねん》に三徳円満《さんとくえんまん》し、六味倶《ろくみぐ》備《び》せん。

典座の一日の勤めというのは——。

朝は、粥座《しゅくざ》といって、お粥《かゆ》が主食である。どこの僧堂も、おそらくお米だけの、これを白粥《はくしゅく》という。おかずは、大根を何年も漬けた、たくわん。これを、万年漬ともいう。それに、梅干。ところが、ぼくが一時期修行した、和歌山県の興国僧《こうこくそう》堂《どう》では、土地の習慣で、茶粥であった。建長寺《けんちょうじ》では、焙《ほう》じ茶の代りに、麦粥であった。家風である。お米六、麦四の割合である。同様にして、お水六、米麦四である。大衆は、三膳《ぜん》までお替りができる。僧堂の粥座を、世間さまは、

——なんと、質素な。

そう、おっしゃる。そうではない。

——シンプルといって下さい。

誰かが、そう答えた。

お粥は、昔から病人食といわれ、ご飯に比べると一段軽く？　見られていた。はたしてそうだろうか。禅宗では、お粥に十徳あり、と敬っている。その十徳、

十利とは、
一には、色（肌艶《はだつや》をよくする）。

二には、力（体力のもととなる）。

三には、寿（長命に叶《かな》っている）。

四には、楽（胃に負担をかけない）。

五には、詞清弁《ししようべん》（身体に負担をかけないので、血の巡りもよくなり、自然に頭脳も澄み、弁舌も爽《さわ》やかになる）。

六には、宿食が除かれる（胸にもたれることがない）。

七には、風《ふう》除かれる（風邪にかかることはない）。

八には、飢消える（空腹をいやす）。

九には、渇消える（喉《のど》の渇きが消える）。

十には、大小便を調達する（便通がよくなる）。

ということが、仏教の戒律経典、『僧祇律《そうぎりつ》』に説かれている。僧堂では、粥前に唱える。

お粥は、熱すぎず、ぬるすぎず。そう、わが体温と同じ。そして、水っぽくなく、塩辛くなく、中道の味と煮炊き具合にする。和であれ、と昔からいい伝える。

白粥の他に、五味粥《ごみしゅく》、纓絡粥《ようらくしゅく》なども、時として作る。どんな日かといえば、吉慶日、または大作務《さむ》と決まった日である。

五味粥とは、お米、麦、粟《あわ》、黍《きび》、大豆の五穀を塩味で炊いたお粥。建長寺では、昔の仕来りに習い、大作務の日に作ったこともある。

纓絡粥、纓絡とは、み仏や菩薩《ぼさつ》の首や腕を飾る装身具をいう。転じて、何種類かの野菜を混ぜて炊き込む。つまり、雑炊、おじやである。これに、ぼくはマーガリンを落とした。薬石にである。

釜《かま》を洗ったり、食堂《じきどう》、典座の掃除を済ませて、とりあえずほっと一息。

一息といっても、寮舎という典座に与えられた部屋で、昼の献立を考える。たとえば、今日は遠い所へ托鉢《たくはつ》、遠鉢《えんぱつ》というが、そういう日には疲れて戻ってくるだろうから、三色揚げにするか。春菊、人参の湯葉巻き揚げ、豆腐のごまぶし揚げ。時には、紅しょうがの薄衣揚げとか。これは、夏場だけだが。雪の下を揚げたりもする。さっぱりとした天地の味で、案外評判がいい。

大衆が、作務や托鉢に出ている間、典座は、畑から野菜を採ってきて水洗いし、濡《ぬ》れ新聞を掛けておく。金陵山保寧寺《きんりようさんほねいじ》の仁勇禅師のおっしゃる、

——わが瞳と同じ食材を、わが身と同じで、いつくしみ大切に。また、天子さまが召し上がるように、調理も一寸の油断があってはならない。いいかえれば、天子さま、つまりわたし自身である。

——食材を調達したら、六知事と庫裡に集まって、どんな食材を使って、何菜の料理にするか、お粥は何にしよう、会議にする。『禅苑清規』に、典座は、

——食材や献立、食べる員数を一応計算しておいて、さらに確認のため、六知事に念通しなさい。

とあるのは、千人からの大衆であり、病僧もいれば、行脚に出た者もいる。逆に、寺に寄っている旅の僧も一人や二人でなかった筈《はず》であるため、食事を必要とする人の数が一定していないからである。

六知事との会議が終ったら、厳浄牌《ごんじょうはい》という告知版に、献立、それぞれの食材を書いて、住職、大衆の居間に掲示する。これは、典座の独断専行でないという、表示である。和を尊ぶのが僧堂だから、これはあたりまえ。いうまでもないことである。食平等の徹底化である。

禅宗では、

——上は長老さんから、昨日、今日の新参雲水まで同じ食をいただく。それはそ

うであろう、生かされている命は皆同じ。道を求める志に優劣などない。民主主義というが、禅宗はこれに徹し切っている。これが、和そのものである。僧堂をサンガという。和の集団ということである。だから、食平等であるのはあたりまえのこと。

この厳浄牌は、現在の臨済宗《りんざいしゅう》にはないが、信者さんから芳心をいただいた時は食堂に、添菜○○家供養と、書いて吊《つ》るす。添菜とは、一、二品おかずをプラスすることをいう。たとえば、コロッケ、カレーぐらいか。もちろん、肉なしの。それでも大衆は、人並みに扱ってもらえた食で内心ニコニコである。典座としては、カレーはともかく、コロッケはまあ、重労働である。当時、四十人から僧堂に在籍していた。一人四つにしても、ざっと、二百からである。だが、久しぶりの腹いっぱいいただけるご馳走《ちそう》。大衆のほころんだ顔と食欲ぶりを、障子の隙間から見て、典座として、久しぶりに修行させてもらったという、思いでいっぱいだった。

修行定食　其の一

大根のみぞれ汁

材料：白玉粉、大根おろし、大根葉、昆布だし、酒、味醂《みりん》、醬油《しようゆ》、塩、柚子《ゆず》の皮の千切り

①白玉粉に水を加え、耳たぶくらいの柔らかさに練り、小さく丸め、熱湯でゆで、冷水にとる。

②鍋《なべ》に昆布だし、酒、味醂、醬油、塩を合わせて火にかける。そこに大根おろしを加え煮立ったらアクをすくっておく。

③白玉を入れ、ひと煮立ちしたら大根葉を散らし椀《わん》に盛る。そこに柚子の皮を添えて出来上がり。

三　米を研ぐ即ち禅

雪峯義存禅師《せっぽうぎそんぜんじ》も、唐《とう》代の人である。その雲水雪峯が、ある日お米をといでいたら、師である洞山《とうざん》禅師がやって来て、

――砂をよりわけて、米を捨てるのか。それとも、米をよりわけて、砂を捨てるのか。

聞いた。洞山禅師は、悟りと煩悩の区別を、お前さんならどう見る。そう、問いかけたのである。すると、雪峯はすかさず、

――砂も米も一緒に捨てますわい。

やにわに、お盆を引っくり返し、お米をぶちまけた。

そのさまを見た洞山禅師は、

――お前さんは後日、この山を降りて、別の宗匠《しゅうしょう》の許《もと》で修行することにな

ろう。

そう、おっしゃった。

昔から、道を厳しく求める人は、全心全体で、真心、命をかけて典座職《てんぞ》を勤めた。この、師弟がいい例である。だからこそ、後進のわれわれは、怠けたり、一寸《ちょっと》でも気を抜いては、祖師に面目が立たない。先徳は、

――典座は、たすきがけでいる。これが修行である。悟りへの近道である。厳しく、戒めておられる。

お米をといでいて、砂と見誤って、お米を捨てるなど、そんな胡乱《うろん》ではいけない。心の眼を開いて撰《よ》り分けなさい。

『禅苑清規《ぜんねんしんぎ》』に、

――お米をとぐとき、全体をしっかりと冷静に点検して、小さな石や砂、ごみを取り除いていけば、雪のように純白米となる。

お米をといだ、そのとぎ水は、やたらにその辺に捨ててはいけない。畑の野菜か、木の幹に撒《ま》く。思いやりである。受けたほうは、ほっとする。

わずか一滴の水といえども、である。昔は、とぎ汁を袋で漉《こ》したものである。

お粥《かゆ》のお米と水、塩の微量を釜《かま》に入れたら、鼠に近づかせないよう、典座以外の暇をもてあました連中に覗《のぞ》かせたり、手でさわらせたり、賤《いや》しい真似をさせないこと。

雪峯《せっぽう》、洞山《とうざん》に在《あ》りて典座《てんぞ》と作《な》る。一日《いちじつ》、米《こめ》を淘《よな》ぐ次《おり》、洞山問《とうざんと》う、「砂《すな》を淘《よな》げて米《こめ》を去《のぞ》くか、米《こめ》を淘《よな》げて砂《すな》を去《のぞ》くか」と。峯云《ほうい》う、「砂《さ》米《べい》一時《いちじ》に去《のぞ》く」と。洞山云《とうざんい》う、「大衆《だいしゅ》は箇《こ》の什麽《なに》をか喫《きっ》す」と。峯《ほう》、盆《ぼん》を覆却《ふっきゃく》す。山云《さんい》う、「子《なんじ》は他後《たご》、別《べつ》に人《ひと》に見《まみ》え去《さ》ること在《あ》らん」と。上古《じょうこ》、有道《うどう》の高士《こうし》、自手《みずか》ら精至《せいし》し、之《これ》を修《しゅ》すること此《かく》の如《ごと》し。後来《こうらい》の晩進《ばんしん》、豈之《あにこれ》を慢《おこた》るべけんや。先来云《せんらいい》う、「典座《てんぞ》は絆《ばん》を以《もっ》て道心《どうしん》と為《な》す」と。

如《も》し米砂《べいさ》誤《あやま》り淘《よな》げ去《のぞ》くこと有《あ》らば、自手《みずか》ら撿点《けんてん》せよ。『清規《しんぎ》』に云《い》う、「食《じき》を造《つく》るの時《とき》、須《すべか》らく親《した》しく自《みずか》ら照顧《しょうこ》すべく、自然《じねん》に精潔《しょうけつ》ならん」と。其《そ》の淘米《とうべい》の白水《はくすい》を取《と》りても、亦虚《またむな》しくは棄《す》てざれ。古来《こらい》、漉白水嚢《ろくはくすいのう》を置《お》く。粥《しゅく》の米《こめ》と水《みず》を弁《べん》じ、鍋《なべ》に納《い》れ了《おわ》らば、心《こころ》を護持《ごじ》に留《とど》めて、老鼠《ろうそ》等《とう》をして触誤《そくご》し、並《ならび》に諸色《しょしき》の閑人《かんじん》をして見触《けんそく》せしむること莫《なか》れ。

お米に混じっている砂やごみを見分ける。心しなければいけないのは、お米を見るつもりが、砂を見てしまい、砂を見て捨てるつもりが、米を見てしまう。細心の注意をはらって見分ける。寸秒の油断があってはいけない。

これは、なにもお米と砂の関係ではない。人の心の、良心、邪心、聖《ひじり》を求めての向上一途、修行という大義名分だけの、無為なるその日暮し。お米とわれとの三昧《さんまい》、一体。ごみや、砂とも一体。しかし、それでいて二者区別。それが、禅である。禅師はそうおっしゃっているのではないか。

お米も尊《たっ》とい、しかし、砂も尊い。釈尊《しゃくそん》のお教えには、差別《しゃべつ》はない。それを体得されておられるから、禅師は、はっきり、仏家とおっしゃったのではないか。生意気をいわせてもらえば、宇宙に存在するもの全て、仏家と。ぼくは、禅師のお言葉をそう理解している。

唐の中期の人、雪峯義存禅師が洞山良价禅師《とうざんりょうかいぜんじ》の僧堂で典座を勤めていた。この祖師は、行脚して次の僧堂へ行くにも、大きな飯杓子《めしじゃくし》を肩に担いでいたという。飯炊きが、雪峯禅師の禅修行だったのである。

いっぽう、食べたら出す。夜中に便所掃除を、毎夜続けた。禅門でいう、隠徳を積まれた。で、大悟を得られた。今日、いや、昔の人は便所のことを、雪隠《せっちん》といった。雪峯義存禅師の徳をたたえてのこと。

また、行脚の中、川縁を歩いていると、一葉の菜が流れてきた。追いかけて、やっと拾った。思わず、

──わが命。つぶやかれたという。二身一体である。これも、先師に教わった。

さて、この話では、「お米を正、砂を邪。善と悪。煩悩と悟りの対立」と見てもいい。お米を投げ捨てた雪峯は、二つの間をうろうろしているのではない。世に対立したものはない、ということを、態度で表した。禅宗では、不立文字《ふりゅうもんじ》とよくいう。文字を立てない。文字や言葉はいらない。心と身体で相対していく。洞山禅師と雲水とはいえ、真の禅者であった。

こんな話を聞いたことがある。

京都天龍寺《てんりゅうじ》の禅匠、滴水《てきすい》禅師を訪ねて、山岡鉄舟《やまおかてっしゅう》が尋ねた。寺内に誰もいなか

ったのか、滴水禅師が鉄瓶を下げて、玄関へ応対に出て、まあ上がれと、自分の部屋へ向った。鉄舟は、禅師の置いた鉄瓶を手に、後について、火鉢にかけた。あるべき所へ置いただけである。洞山と雪峯、滴水と鉄舟、無言の機である。これこそ、禅の極みである。

昔の典座は、全身で勤めた。食材と一体であった。後進のわれわれは、どうして怠けていられよう。気を赦《ゆる》してはいけない。まして、選ばれた典座ではないか。心の絆《たすき》をしっかり結んで、日々精進すればいい。それが悟りへの早道である。ご飯や味噌汁《みそしる》、小菜を切るにしても、理に叶《かな》い綿密に、つまり、親切心で仕事をすべきである。よくいわれた言葉に、

――他人《ひと》が食べるんじゃない。自分自身が食べるつもりで調理していけ。

というのがあるが、典座の心得の第一歩である。よく、先輩は、

――一粒米重きこと須弥山《しゅみせん》の如し。

というのが口ぐせであった。お米だけではない。あらゆる食材も同じなのである。

別の先輩は、

――わが命と同じ重さ。

とも、後輩に語った。わが命そのものだから、細心にわが身をふり返って調理していれば、出来上った料理も浄潔になっている。

――文は人なり。これだよ。

と言った典座の先輩もいた。

これは、ただ調理するだけではない。禅師は、

――米《べい》の白水を取りて、亦虚《またむな》しく棄てざれ。

と、おっしゃる。

そのとぎ水は、畑に撒いてもいいが、先師は、一度煮立てて冷ましておき、味噌汁に使った。

昔から、お米五勺は柄杓《ひしゃく》三杯の水で、一人分。が、建前だが、実際はそうではない。ぼくが僧堂にいた頃、四十人在籍していた。お米は一升。三回お替りするとして、人数分に見合せて水で増した。俗に、天井粥である。

お粥は弱火で炊き、その間に食堂《じきどう》の掃除をし、飯台を並べる。大衆は、朝の勤行、座禅である。典座にたった一人だから静寂そのもの。この静寂さがいつの間にか、仕事をはかどらせてくれる。気取っていうわけではないが、大衆も気持よくいただいてくれる。

僧堂では、禅堂《ぜんどう》、浴堂《よくどう》、食堂を、三黙堂《さんもくどう》といい、私語は御法度である。だから、お粥や味噌汁のすする音は、卑しいとされ、雲水の恥とされる。なら、たくわんは、どうか。落語ではないが、チンチロリンのパーリパリなどもっての他で、テレビであったか、奥歯で噛《か》みんしゃい。で、ある。

だが、例外はある。うどん供養の時だけ。

釜に、茹《ゆ》で汁のままのうどんを引きずり出していただくのだが、呑《の》み込むといったほうがいいか。お椀《わん》に、しょう油、ごま、ねぎ、青じそ、しょうがや大根おろし、ちぎった海苔《のり》、大釜を何人かで囲んで、呑み込むといったが、すすり込む。ぞろぞろなんてやさしいもんじゃない。ざ、ざ、ざとその音はダイナミックである。そのすすり込む音を聞いて、

——夕立かな。

いった人もいたと、聞いたことがある。

先述したように、日頃は三膳《ぜん》までお替りできるが、うどん供養だけは、無制限にいただける。ざ、ざ、ざ、ぞろ、ぞろの解放感がさらに食を限りなくさせるのだろう。餅《もち》もまた同じである。うどん供養を、誰かが、

——餓鬼の大饗宴《だいきようえん》。

そう、いったことである。

雲水の食の娯楽といったところか。

お餅もまたしかり。

搗《つ》き上ったお餅を丼鉢に取り、おろし大根、きざみねぎ、納豆、茹《ゆ》でてみじんにきざんだ春菊、ちぎり海苔、味噌など、好みを盛りかけ、すするというより、流し込む。さすがにうどんと違って音こそ立てないが、滝壺《たきつぼ》へ落ちる水のよう。

典座から眺めていて、

（雲水もお餅も、生き生きしている）

実感したことである。静かなる躍動とでもいったらいいか。無心にいただいているから、なおさらである。食べ三昧とでもいおうか。

修行定食　其の二

蕗の葉の佃煮

材料：蕗《ふき》の葉、胡麻《ごま》油、醤油《しょうゆ》、味醂《みりん》、白胡麻、重曹

①白胡麻を煎《い》って刻み、切り胡麻にしておく。

②蕗の葉は、重曹を入れたたっぷりめの湯で茹《ゆ》でる。水に取り、２、３度絞って水にさらす。

③さらに絞って、縦、横に包丁を入れて、粗みじんにきざむ。

④胡麻油をフライパン一面にひく。熱したところへ、きざんだ葉をいれ、手早く炒《いた》める。

⑤胡麻油が葉に回ってきたら、醤油、味醂を加えて味を絡ませながら、切り胡麻をやや多めに散らして出来上がり。

四　効率のよい食膳

翌朝のお粥《かゆ》やおかずの準備ができたら、先の食事の残り、つまり、残飯、残汁、残菜の後始末をし、飯器、汁器、菜器を真心をこめて洗い、干しておく。

洗って干した飯器、汁器、菜器は、高い所にあったものは高所に、低い所にあったものは低所に置いておく。

箸《はし》やしゃもじなど、台所器具のすべてを入念に点検し、丁寧に扱って、静かにそっとかたづけなさい。

かたづけ終ったら、明日の昼食の、お米や野菜を取り揃えておきなさい。

お米を淘《よ》りながら、中の虫を取り除き、食べられないぶんどう豆、もみがら、お米と見まちがう砂や小石を丹念に取り除く。

虫やごみを除いたお米をとぎ、野菜を切ったり、調理にとりかかったら、行者、典座《てんぞ》付き下男は、竈《かまど》の神さま、竈公真宰《そうこうしんさい》に、お経を誦《よ》み回向《えこう》をする。そして、もう一度再点検して、煮炊きにかかる。

ここで心しなければならないことは、庫司知事《くすちじ》から受け取った食材の、良し悪し、多い少ないについては、一切、あれこれ思惑を働かせてはいけない。ただ、与えられた材料を、いかに、どう調理すればいいかを考え、工夫する。けっしてしてはいけないことは、顔色を変えて、食材の多少を口にして文句を言うことである。

典座というのは、一日中いかにして、その食材をどう生かしきるか、皆がいかに満足してくれるか、心をその一点に込め、ただただひたすらに、煮たり炊いたりするだけだ。忘己利他《もうこりた》、我をなきものにして、人々に心豊かになってもらう。この専一道心のみである。

粥時《しゅくじ》の菜《さい》を調《ととの》う次《おり》に、今日《きょう》の斎時《さいじ》に用《もち》いし所《ところ》の飯羹等《はんこうとう》を打併《たへい》す。盤桶《ばんつう》并《ならび》に什《じゅう》物《もつ》・調度《ちょうど》も、精誠《せいせい》に浄潔《じょうけつ》し洗濯《せんかん》す。彼此《ひし》、高処《こうしょ》に安《お》くべきは高処《こうしょ》に安《お》き、低処《ていしょ》に安《お》くべきは低処《ていしょ》に安《お》け。高処《こうしょ》は高平《こうへい》に、低処《ていしょ》は低平《ていへい》に、挾杓等《きょうしゃくとう》の類《るい》の、一切《いっさい》の物色《もつしき》も、一等《いっとう》に打併《たへい》して、真心《しんじん》に物《もの》を鑑《かん》し、軽手《けいしゅ》に取放《しゅほう》せよ。然《しか》る後《のち》に明日《あす》の斎料《さいりょう》を理会《りえ》す。先《ま》ず米裏《べいり》に虫有《むしあ》るを択《えら》び、緑豆《りょくず》・糠塵《こうじん》・砂石等《させきとう》も、精誠《せいせい》に択《えら》び了《おわ》る。米《こめ》を択《えら》び菜《さい》を択《えら》ぶ等《など》の時《とき》、行者《あんじゃ》は諷経《ふぎん》して、竈公《そうこう》に回向《えこう》す。次《つぎ》に菜羹《さいこう》を択《えら》び、物料《もつりょう》は調弁《ちょうべん》す。庫司《くす》に随《したが》いて打得《たとく》せし所《ところ》の物料《もつりょう》は、多少《たしょう》を論《ろん》ぜず、麤細《そさい》を管《かん》せず、唯是《ただこ》れ精誠《せいせい》に弁《べん》備《び》するのみ。切《せつ》に忌《い》む、色《いろ》を作《な》して口《くち》に料物《りょうもつ》の多少《たしょう》を説《と》くことを。竟日通夜《ひねもすよもすがら》、物来《ものきた》りて心《こころ》に在《あ》り、心帰《こころき》して物《もの》に在《あ》らしめ、一等《いっとう》に他《かれ》と精勤弁道《しょうごんべんどう》す。

　僧堂の朝は早い。春、夏は、朝三時半が起床。秋、冬は四時半である。洗面、二便往来を済ませ、法衣にて坐《ざ》禅《ぜん》。終わりて袈裟《けさ》を掛け、一列縦隊で本堂で朝課《ちょうか》。朝の勤行を一時間ばかり。

　禅師の頃は、前日に翌日の、

——粥時《しゅくじ》の菜を調え、次に今日の斎時に用いしところの飯羹《はんこう》等を打併《たへい》し。

と、述べられている。

そこで菜であるが、たくわんをいう。曹洞宗《そうとうしゅう》では、香菜《きょうさい》といっている。臨済宗《りんざいしゅう》では、小菜という。

昼食の後始末をして、もし残れば、夕食へ回すと聞いた。

もう少し、雲水の食生活の一端を紹介しよう。曹洞宗大本山、横浜鶴見《つるみ》は総持寺《そうじじ》の典座さんに聞いたものである。

朝、粥座は、お米だけの白粥《はくしゅく》、梅干、香菜。時として、玄米粥。

昼、斎座《さいざ》は、ある日は、麦の少し入ったご飯、味噌汁《みそしる》、厚揚げの素焼きにしょう油をかけたもの。それに香菜。

夜、薬石は、お米の麺《めん》、ビーフンの五目炒《ごもくいた》め。香菜。

それにしても、ビーフンとは。時代の流れであろうか。

いずれにしても、典座は献立を考え、料理をするだけではない。それ以上に、後の作務《さむ》に心を使う。釜《かま》や鍋《なべ》、盤桶《ばんつう》、おひつ、飯しゃもじ、汁柄杓《ひしゃく》、菜桶《さいつう》、菜皿などを、一点の汚れもなく洗う。いや、磨くといったがいいか。全部、木や竹製だから、乾いてから決められた場所へ収納しなければならない。

それも、僧堂流があって、最初は天日に干し、しばらくして陽陰に移し風に当てる。殺菌と、長持させるためである。調子よくいえば、思いやり、いたわりである。あたりまえのことをあたりまえにする。これが禅、ぼくは典座を勤めていて、そう気づかせられた。禅師はおっしゃる。

諸道具は、盤桶なら棚の上段に置き、土瓶や土鍋など、われやすいものは下段に、棚の奥にきっちり並べ置く。小僧の頃、兄弟子がよく、

――土鍋も土瓶も、棚の上で坐禅してるように置け。

と。典座の基本常識を教えてくれた。

僧堂にいた頃、ある先輩が、

――常住物は、わが眼睛《がんぜい》と同じぞ。

そういい、常にそうされていた。

常住物、僧堂で使う諸器物。眼睛とは、瞳《ひとみ》である。

母親がわが児を、

――眼の中に入れても痛くない。

と、いう。それである。単なるやさしさではない。慈、悲。くどいようだが、天地、万物から思いやられ、思いやる、そう理解している。高所は高平、低所は低平。禅師は、心の落着きをおっしゃっているのではないか。

菜箸《さいばし》やしゃもじは、いつもある、元の場所に戻す。そこにあってこそ、箸やしゃもじの存在が落着く。『臨済録《りんざいろく》』に、

——随処に主と作《な》れば、立処皆真。

と、ある。

お箸やしゃもじは、常に置かれてある所にあって、はじめて真なる存在感を示し、無尽にその役割りを果してくれる。だから、気まぐれにその辺に置くものじゃない。あるべき所にあってこそ、お箸やしゃもじが大きく輝く。単なる道具ではない。み仏そのものなのだ。禅師は、そう戒められる。ものにはもののありようというものがある、とも。そのことで思い出した。僧堂にいた頃、老師から、

——柱は縦、敷居は横。あるべきように生きるのが禅じゃ。

おそらく、明恵上人《みょうえしょうにん》の伝記、

——我に一の明言あり、我は後生資からんとは申さず、只現世《ただげんぜ》に有るべきやうにて有らんと申すなり。

を、思い出して、そうおっしゃったものか。今になって、そう思えてならない。有るべきように有らん。全てに無心であれ、ということか。

無心であれば、お米を洗うにも、野菜を切るにも逡巡《しゅんじゅん》することなく、スムーズに仕事がはかどる。

諸器具の後始末がとどこおりなく終ったら、斎座の食材の整理にかかる。

先《ま》ず、お米の中に虫はどうか、草の実やわらくず、小さな砂石を丹念に見探し、除きなさい。

思うのだが、禅師は、ただ不純物を取り除《の》けとおっしゃってるのではない。この作務によって、心の邪も捨てなさい。これもいうまでもない。禅者として、もっと大切なことを思い出しなさい。問いかけておられるのでは。そう思えてならない。

お米や野菜を洗いといでいる間、典座の下働きの誰か一人、竈公真宰、竈の神さまに読経諷経《ふぎん》をする。

洗い終ってから献立を決め、調理にかかるということになる。

その前に、食材管理長から受取った一点一点を確認する。その食材、調味料の良し悪し、多い少ないについては、典座は一言も論じてはいけない。これは、神仏から一時預かったものだから。

ぼくが建長僧堂で相変らず典座を勤めていた、ある夏のこと、なすが大豊作であった。

まずは塩漬。斎座に、今日は、しょうが炒め。翌日は、薄衣揚げ。長なすの鳴門巻《なるとまき》。なすの印籠煮《いんろうに》。なすの胡麻《ごま》垂《だ》れ漬。なすの鴫焼《しぎや》き。なすのしょうが酢浸し。なすの白酢がけ。なすの利休煮。なすの納豆和合《あえ》。なすの落花生揚げ。なすと生揚げの炊き合せ。なすの照り煮。なすの山かけ。

と、♪うりやなすびの花盛り、ではないが、なすづくしであった。

誰であったか、

――なすと男は黒いがいい。

にやっとしていった。長年雲水生活をしていると、陽にやけて顔が黒くなるのをかけたのだろう。

禅宗では、よく、

――日に新た、日に日に新た、又日に新た。

と、よくいう。

同じ生活を繰り返す。それは禅者ではない。だから一個のなすを千変万化させる。つまり、新しい命を吹き込み、芽生えさせ、自らの心を創り出す。この心を

禅師は、

——竟日通夜《ひねもすよもすがら》、物来りて心に在り、心帰して物に在らしめ、一等に他と精勤弁道《しょうごんべんどう》す。

世間、物と一心同体となって、ただひたすら心して料理する。一個のなすを、手を替え、なすそのものに新しい命を吹きこむ。日に新たである。新たは、ただ、生き生きしているではない。オリジナルではないかな。ぼくは、そう思っているのだが。

一等に他と精勤弁道。食材が我であり、我が食材である。祖師方が、口をすっぱくしておっしゃった。

——天地とわれ、万物同根。

と。食材を料理するのではない。宇宙と一体のわれを料理するのだ。無道心のぼくがいうのも口はばったいが、禅師は、典座はそうあらねばいけない。そう、おっしゃっておられるように思えてならない。

修行定食　其の三

トマトの建長汁

材料：トマト、古漬け胡瓜《きゅうり》かキャベツ、昆布だし、豆腐、胡椒《こしょう》、醬油《しょうゆ》、油

①トマトは完熟がいい。ぶつ切りにする。

②油を熱し、トマトを炒《いた》める。

③ポタージュ状にドロリとしたら、刻んだ古漬け胡瓜かキャベツを加えてさらに炒める。

④昆布だしを加える。

⑤味は胡椒をやや多く、醬油はほんのり香り付け程度にする。

⑥最後に、揉《も》みつぶした豆腐を入れて完成。

五　仕事の手順

深夜十二時以前は、自身を究明せんと坐禅《ざぜん》修行に専念し、十二時以後は、朝粥《あさがゆ》の仕度に取りかかる。当日の粥が終わったら、鍋《なべ》、釜《かま》を洗い、ご飯や汁の準備にかかる。

昼食のお米をとぎ、洗う時は、典座《てんぞ》は寸秒も流し場を離れることなく、自身の目から見極めた奥深い眼でみて、一粒たりとも、洗いこぼすことのないように。

いつものように、釜に米を入れて火をつけご飯を炊く。

先徳はこうおっしゃっている。

――ご飯を炊く、その釜は自分自身であり、お米や水は、わが心、わが血、わが命である。

ご飯が炊き上ったらしばらく蒸らして、冬は椹《さわら》、夏は竹で編んだおひつに移し、典座の食《じき》飯台に並べておく。

食事を作るその手順であるが、ご飯を炊きながら、おかずも一緒に炊く。そのかたわら、典座付寺男やその下の少年たちに手伝わせ、あるいは釜炊き人に命じて、食器を調えさせる。

近年になって、大僧堂で、飯頭《はんじゆう》というご飯係、羹頭《こうじゆう》という汁・おかず係と別けられているが、彼らは典座の下働きであった。昔は、こういった職分はなく、典座がすべて賄い、管理していた。

三更以前《さんこういぜん》は、明暁《みようぎよう》の事《こと》を管《かん》し、三更以来《さんこういらい》は、做粥《さしゆく》の事《こと》を管《かん》す。当日《とうじつ》の粥了《しゆくおわ》らば、鍋《なべ》を洗《あら》い、飯《はん》を蒸《む》し、羹《あつもの》を調《ととの》う。如《も》し斎米《さいべい》を浸《ひた》すには、典座《てんぞ》、水架《すいか》の辺《へん》を離《はな》るることなく、明眼《みようげん》もて親《した》しく見《み》て、一粒《ひとつぶ》をも費《ついや》さざれ。法《ほう》の如《ごと》く洮汰《とうた》し、鍋《なべ》に納《い》れて火《ひ》を焼《た》き飯《はん》を蒸《む》す。古《いにしえ》に云《い》う、「飯《はん》を蒸《む》すには、鍋頭《かとう》もて自頭《じとう》と為《な》し、米《こめ》を淘《よな》ぐには、水《みず》は是《こ》れ身命《しんめい》なりと知《し》る」と。

飯《はん》を蒸《む》し了《おわ》らば、便《すなわ》ち飯籮裏《はんらり》に収《おさ》め、乃《すなわ》ち飯桶《はんつう》に収《おさ》めて、擡槃《だいばん》の上《うえ》に安《お》け。菜羹等《さいこうとう》を調弁《ちょうべん》するは、応《まさ》に飯《はん》を蒸《む》す時節《じせつ》に当《あ》たるべし。典座《てんぞ》は、親《みずか》ら飯羹調弁《はんこうちょうべん》の処在《しょざい》を見《み》て、或《ある》いは行者《あんじゃ》を使《つか》い、或《ある》いは奴子《ぬす》を使《つか》い、或《ある》いは火客《こかく》を使《つか》いて、什物《じゅうもつ》を調《ととの》えしむ。

近来《きんらい》、大寺院《だいじいん》に飯頭《はんじゅう》・羹頭《こうじゅう》有《あ》り。然《しか》れども是《こ》れ典座《てんぞ》の使《つか》う所《ところ》なり。古時《こじ》は飯羹頭等《はんこうじゅうら》無《な》く、典座一管《てんぞいっかん》す。


　十二時以前には、翌朝の粥座《しゅくざ》のお米をといだり、たくわんや梅干を桶《おけ》や壺《つぼ》から出しておく。十二時以後、湯を沸しお粥を炊き始める。

　これは道場によって多少異なるが夏は三時半、冬は四時半起床、坐禅、朝課《ちょうか》の二時間でお粥を炊き、小菜を切る。炊きながら食堂を掃き、拭《ふ》き、飯台を並べる。

　粥座が終ると小休後、日によって、作務《さむ》か托鉢《たくはつ》。

　典座は後片付けをする。飯器は、二時間程直射日光に当て、乾いたところで陰干し。風にさらすのである。おそらく痛むのがそれだけ遅れるからか。昔からの乾《ほ》しようである。

干している間に、典座は背負籠《しょいかご》を肩に畑へ、斎座《さいぎ》の野菜を採りに出る。全て下肥である。防虫液もかけていない。虫食えば食えである。姿、形はそれほど良くなくとも、全てが生き生きしている。味が奥深い。俗にいう本物の味とでもいおうか。ある男が、

――最高のぜいたくですな。

しみじみといった。すると、別の一人が、

――これが禅味じゃわい。

悟ったようにいう。僧堂ならではである。

ありのまんまをいただく。これこそぜいたくの極みである。そういう意味で、雲水はグルマンである。ゼロから無限大の味を知り得ているのが、雲水である。

典座は、採ってきた野菜を洗う。もちろん米麦をとぐ。

先師はさり気なく、

――お前の身体を洗うように。

お米を見て、

――心を、魂を磨くよう。

今もって忘れられない。物我一体じゃぞ、教えてくれたのだろう。五十年前のことである。もう亡くなって久しいが、兄弟子に、

——禅というたら。

——世界は二人。

——？

——お釈迦《しゃか》さんとわれ。

これも忘れられない。頭では解るが、身体では……。

それを踏まえて、禅師は、

——斎座のお米をとぐときは、寸秒たりとも流し場を離れてはいけない。心の眼をしっかりと開き、一粒米たりとも、流し捨てることがあってはならない。一粒米重きこと須弥山《しゅみせん》の如し、典座の良心である。

お米と水の配分が調えば、世間でいう、♪初めちょろちょろ、中パッパ、赤子泣いても蓋《ふた》取るな、である。

ご飯を炊く心は、なにもむずかしくない。釜は自分であり、お米と水はわが命そのもの、これをしっかり腹にたたき込む。その心で炊けば、和合飯となる。

炊き上ったご飯は、夏は竹で編んだおひつ、飯籮《はんら》裏《り》に入れる。

話には聞いていたが、京都・相国寺《しょうこくじ》塔頭《たっちゅう》・養源院《ようげんいん》の朝食で初めて見た。八月のお盆の前である。食後、典座の風通しのいい所へ置かれてあった。

（なるほど、これなら腐らない）

とりわけ、京都の日中は、猛暑もいいとこである。風も無い。大本山相国寺の名典座と名の知れた、先代住職平塚実堂《ひらつかじつどう》和尚の、飯籮裏は、食へのこだわりだったようだ。おそらく、『典座教訓《てんぞきょうくん》』は、何度も読んでおられたはずだ。その実践であろう。しみじみ感動したことを覚えている。とにかく、口あたりのいいご飯であった。

（これが、もてなすということか）

朝から、贅沢《ぜいたく》をさせてもらった。

修行定食　其の四

あえまぜ

材料：胡瓜《きゅうり》、干し椎茸《しいたけ》、白味噌《みそ》、酢、醤油《しょうゆ》、味醂《みりん》、塩

①胡瓜は小口切りにして、塩《しお》揉《も》みしてから水にさらす。

②干し椎茸はもどして千切りにする。もどし汁に醤油、味醂で煮含める。

③白味噌を酢で溶く。きゅっと絞った胡瓜、軽く煮汁を切った椎茸をあえまぜる。

④後は、冷蔵庫で冷やして出来上がり。

六　典座の心得

典座《てんぞ》は、食事を調理するにあたって、世間一般の見方、考え方ではいけない。

わずか一本の茎、葉とはいえ、荘厳な大寺院となり、たとい小さな根っ子、米粒でもお釈迦《しゃか》さまの大法説と変らないのだ。

だから、粗末な菜っ葉汁、おひたしを作ろうと、馬鹿にして軽く見、侮ってはいけない。また、ぜいたくな材料を使って調理しようと、有頂天になるなど、もっての他である。執着する心がなければどんな材料でも、疎かにすることはないはずである。そうであれば、粗末な食材を与えられたとしてもいい加減にせず、反対に上等なものであってもさらに頑張って最上のものを作るように心がけなさい。食材によって心を変えたり、人を見て言葉や態度を改めるのは真の修行僧とはいえない。心を強くもち無心にして、願わくば、心清らかな事は先徳にまさり、至心にして綿密にしていくことは祖師のさらに上をいくことを。

先徳は、たとえば、わずか三銭のお金で買ってきた少量の粗末な野菜で、ありきたりの、その程度のおかずを作ったとしても、私ならその三銭を有効に生かして、とびきり上等に作ろうと心がける、というようなものである。これは大変むずかしいことだけれども。

それは、どういうことか。昔と今とは人間に雲泥の差があるからである。どうして昔と肩をならべることができようか。

だが、与えられた仕事を、無心になって色々細やかに気配りをし、打ち込んでいけば、先徳と肩を並べられる。いや、それ以上のことは、必ずなし得ることができよう。それはただ一つ。道心があれば、必ず通じる。

そのことが体解できないということは、妄想妄念が、野原を思いのまんま走る馬のように、樹々を飛び交う野猿と同じで、煩悩、妄想のおもむくまま、主観だけで、その時々の、きまぐれな思いつきだからである。

猿や馬でも、一歩引き下がり我が身を省みれば、宇宙のはかない現象などに、心は動かされることなどない。

わずか、三センチ足らずの茎や葉であっても、一丈六尺の御仏と見なし、一丈六尺の御仏を真心込めて調理するのである。そのことが人々の心を潤わせ、ほっとさせるのである。

いつでも食べられるよう準備し、落度がないかをよく点検して、いつもの定位置に、飯器、汁器、菜器を、きちんと正しく置く。

粥座《しゅくざ》の準備をしている時、太鼓が鳴り、小鐘が打ち出されると、全員が禅堂を出て整列し、師家《しけ》、禅の奥義を窮めた住職の膝下《ひざもと》へ指導、教示を受けに参じる。独参という。これは、朝、夕で、誰一人欠かせてはいけない。


凡《およ》そ物色《もつしき》を調弁《ちょうべん》するには、凡眼《ぼんげん》を以《もつ》て観《み》ること莫《なか》れ、凡情《ぼんじょう》を以《もつ》て念《おも》ふこと莫《なか》れ。一《いつ》茎草《きようそう》を拈《と》りて宝王刹《ほうおうさつ》を建《た》て、一微塵《いちみじん》に入《い》りて大法輪《だいほうりん》を転《てん》ぜよ。所謂《いわゆる》、縦《たと》い莆菜羹《ふさいこう》を作《つく》るの時《とき》も、嫌厭軽忽《けんえんきようこつ》の心《こころ》を生《おこ》すべからず、縦《たと》い頭乳羹《ずにゆうこう》を作《つく》るの時《とき》も、喜躍歓悦《きやくかんえつ》の心《こころ》を生《おこ》すべからず。既《すで》に耽著《たんじやく》無《な》ければ、何《なん》ぞ悪《にく》む意《い》有《あ》らん。然《しか》れば則《すなわ》ち、麤《そ》に向《むか》うと雖《いえど》も全《まつた》く怠慢《たいまん》無《な》く、細《さい》に逢《あ》うと雖《いえど》も弥々精進《いよいよしようじん》有《あ》り。切《せつ》に物《もの》を逐《お》いて心《こころ》を変《か》え、人《ひと》に順《したが》いて詞《ことば》を改《あらた》むること莫《なか》れ。是《こ》れ道人《どうじん》に非《あら》ざるなり。志《こころざし》を励《はげ》まし、心《こころ》を至《いた》して、庶幾《こいねがわ》くは浄潔《じようけつ》なること古人《こじん》に勝《まさ》り、審細《しんさい》なること先老《せんろう》に超《こ》えんことを。

其《そ》の運心《うんしん》の道用《どうゆう》の体為《ていた》るは、古先《こせん》は縦《たと》い三銭《さんせん》を得《え》て、莆菜羹《ふさいこう》を作《つく》るも、今吾《いまわれ》は同《おな》じく三銭《さんせん》を得《え》て、頭乳羹《ずにゆうこう》を作《つく》らんとなり。此《こ》の事《こと》は為《な》し難《がた》きなり。所以《ゆえ》は何《いか》ん。今《こん》古《こ》は殊劣《しゆれつ》にして、天地《てんち》は懸隔《けんきやく》す、豈《あ》に肩《かた》を斉《ひと》しくすることを得《う》る者《もの》ならんや。然《しか》れども審細《しんさい》に之《これ》を弁肯《べんこう》する時《とき》は、古先《こせん》を下視《あし》するの理《ことわり》、定《かな》らず之《こ》れ有《あ》るなり。此《こ》の理《ことわり》必《かなら》ず然《しか》あるも、猶《な》お未《いま》だ明了《めいりよう》ならざれば、卒《つい》に思議粉飛《しぎふんぴ》すること其《そ》の野馬《やば》の如《ごと》く、情念奔馳《じようねんほんち》すること林猿《りんえん》に同《おな》じきなり。若《も》し彼《か》の猿馬《えんば》をして、旦《いつたん》退歩返照《たいほへんしよう》せしめば、自然《じねん》に打成一片《たじよういつぺん》ならん。是《こ》れ乃《すなわ》ち、物《もの》に転《てん》ぜらるるも、能《よ》く其《そ》の物《もの》を転《てん》ずるの手段《しゆだん》なり。此《かく》の如《ごと》く調和《ちようわ》し浄潔《じようけつ》して、一眼両眼《いちげんりようげん》を失《うしな》うこと勿《なか》れ。一茎菜《いつきようさい》を拈《と》りて丈六身《じょうろくしん》と作《な》し、丈六身《じょうろくしん》を請《こ》いて一茎菜《いっきようさい》と作《な》すは、神通及《じんずうおよ》び変化《へんげ》、仏事《ぶつじ》及《およ》び利生《りしよう》なればなり。

已《すで》に調《ととの》え、調《ととの》え了《おわ》らば已《すで》に弁《べん》じ、弁《べん》じ得《え》ば、那辺《なへん》を看《み》、這辺《しゃへん》に安《お》く。鼓鳴《くな》り鐘鳴《かねな》らば、衆《しゅ》に随《したが》い参《さん》に随《したが》いて、朝暮《しょうぼ》の請参《しんさん》、一《いっ》として虧闕《きけつ》すること無《な》し。


そこで煮炊きの順である。

これは、禅師の頃と全く同じで、竈《かまど》にご飯の火を入れる。次に、汁や添菜を切り、炊きはじめる。御存じのように、炊き上って、勢いのあるうちに大衆が食べられるように、心がける。食を気でいただくとでもいおうか。

うがったことをいうようだが、今の料理にたずさわる諸先生方は、

――これとあれ、なになにを食べればいい。

――○△ならこういった調理法で……。

おっしゃる。ある雲水の一人が、

――奴《やっこ》さんらは、心が貧しいね。

せせら笑っていたのを、思い出す。

典座は、カロリーもチロリーも計算して作ったことは、一度だってない。

こんなことがあった。

別にカロリー云々《うんぬん》を考えたのでもない。ただ、緑が赤に変っただけである。雲水料理とは、こんな程度である。

とにかく、八百人からのお坊さんの集団である。典座だけで賄えるものではない、小僧や、在家の小僧見習い、竈の炊飯係などを使って、盛りつける器、什器《じゅうき》を運ばせ、調えさせる。

現在で一僧堂は、多くて四十人だから、こういったことはない。寮子といって、典座に配属された新入りの者が、主に下働きをして覚える。それも、三、四日である。その間に、鍋《なべ》、食器具の場所を覚え、煮炊きの要領を盗み覚える。手を取って教えてもらうわけではない。習うより、慣れろである。

こんな、うれしい話を思い出す。

——斎座《さいざ》の添菜なににします?

キャベツが予想以上の大収穫である。寮子に、

——あれを使って。

それだけいった。彼は、

——じゃ炒めます。

キャベツ、人参、ほうれん草、椎茸《しいたけ》を採って来た。冷蔵庫を見たのだろう。来客用に使ったおといの生麩《なまふ》が、何本か残っていた。

彼はそれを薄切りにして、しょう油、酒のごま油炒めをした。野菜は、塩、胡《こ》椒炒《しょういた》めにし、最後に生麩をからませた。

食後、誰かが、

——やっと、奴も典座らしくなったなあ。

ほめるのを聞いた。聞きながら、

(慣れは、発明にも継《つな》がるか)

今日、精進料理といわれるのは、こういった、祖師方の慣れの蓄積である。慣れは力みがない。吐いて吸う息と同じで、それでいて、いつの間にか深呼吸をしている。精進料理は、その息である。

坐《ざ》禅《ぜん》がそうである。肚《はら》の底から天地いっぱいの大気を、静かにゆっくりと吸い込み、その大気を、全身に行き渡らせ、また、ゆっくりと静かに天地に戻す。だから、僧堂では、

——眼や手で、ご飯や汁を炊くな、小菜もまた然《しか》り、腹で作り、全身で炊飯せよ。

そうすれば、いただくほうも、血となり肉となり、病気知らずとなる。

何年も典座を勤められた先輩から、ぼくは何度いわれたことか。

典座も禅師の頃には、飯頭《はんじゅう》・ご飯、汁専門、羹頭《こうじゅう》・添菜係と別かれていた。これら食材の用意は、行者《あんじゃ》といって、典座の下働き、在家の者がした。昔は、飯頭、羹頭の区別は無く、典座全員で従事した。

今はどうなのかと、横浜、鶴見《つるみ》の大本山総持寺《そうじじ》の典座和尚に尋ねると、飯頭、羹頭は別かれているとのことである。臨済宗《りんざいしゅう》では、この区別はなく、典座が一切を賄っている。

ある先輩が、

――お釈迦さまから、おすそわけを、われわれがいただいている。虫が食っている。われわれの煩悩じゃ。

六十年過《た》った今も忘れられない。無常説法をこれら野菜がしている、と思えばいい。

だから、ほうれん草、小松菜一本といえ、軽んじて調理してはいけない。それが、牛乳入りのお汁といえども、特に念入りに作るなども、これは浅ましいとなる。一茎、一葉とはいえ、お釈迦さまが大説法されている、禅師もそうおっしゃる。

ぼくは思うのだけれど、禅師はぬくみのある食、そうおっしゃっておられるのではないか。温かい血、心を通して作られた食事を作りなさい。

典座は炊き上った食事を、飯器、汁器、菜器に収め、曹洞宗《そうとうしゅう》では浄人《じょうにん》、臨済宗は飯台看《はんだいかん》と呼んでいるが、供給《くきゅう》する当番が受け取る場所へ置く。

そこで、食事は禅堂内でいただくのだが、横浜は鶴見の大本山総持寺へ問い合わせたところ、次のように教わった。

朝、小食《しき》、または浄粥《じょうしゅく》といって、お粥。香菜、たくわん、梅干。ごま塩。

昼、点心《てんじん》、ご飯、汁、別菜二品。香菜、おつけもの。いうところの、一汁二菜。

夜、昼と同じスタイル。薬石という。

現在、百五十人の雲水が在籍していて、十人ほどの典座さんが賄っていると聞いた。

臨済宗は、

朝、粥座《しゅくざ》という。建長寺《けんちょうじ》では、お米七、麦三の麦粥《ばくしゅく》。小菜といって、たくわん、梅干。

昼、斎座。お米六、麦四のご飯。味噌汁《みそしる》。小菜。時には、大作務といって、終日重労働の日には、添菜といって、たとえば精進揚げ。時には、里芋と長ねぎの炒めたものとか。

夜、薬石。おじやに小菜。斎座の残飯、残汁で作る。時には、供養でいただいた塩こぶを添えたりする。いずれにしろ、粗食ならず素食である。

時には、信者さんから、

――これでなにかを。

と、お布施をいただく。

――なら、うどんかカレーでも。

と、典座で話し合う。

建長寺では、ずり出しを時としてする。この時は、食堂で大釜《おおがま》を囲んでいただく。

僧堂備えつけの丼鉢に、しょう油、ねぎ、みつば、みょうが、しょうが、大根おろし、茹《ゆ》で春菊、白ごまの荒ずり、から炒りしたトロロコンブ、ゆばなどの薬味。干麵《かんめん》の茹で汁で味を見て、釜からうどんを引きずり出して、すする。いや、呑み込むといったほうがいい。それも間断なくである。日頃は、黙食であるが、ずり出しは、どれほど音を立てても、文句はいえない。音も立てないうどんなんて、死にかけた病人と同じで、その音たるや、ザザザーッ、ゾゾゾーッ、ナイヤガラの滝にも劣らない。

その音は、日頃と違って、さらに解放感を呼ぶ。だから、なおさら食が進む。ずりだしはダイナミックにいただく。これが、本妙である。

おまけに、日頃は三膳《ぜん》と限られているが、いくら食べてもいい。典座は状況を見ながら、追い茹でしたり、薬味を作ったり。僧堂全体がお祭りである。うどんを呑むリズムが、カラッと晴れた日の突然の驟雨《しゅうう》。一切が無の状態である。この景色は世間広しといえども、僧堂ならこそである。スピード、大爆音。僧堂の青春である。よくぞ雲水になりにけりである。うどんを食すのは天下の雲水ではない。阿羅漢《あらかん》そのものである。はなはだ申し訳ないが、これだけは、天皇さまも味わえないと思う。三界の大導師にだけ赦《ゆる》された特権だと、今でもぼくは懐かしい。

時たま、何人か拙庵《せつあん》へ来られた人に出す。

——もっと大きく、見栄《みえ》も気取りもいらない。身も心も素裸になって。

ぼくは、あおり立てる。

いつの間にか、もう、無心になってすすり立てておられる。これこそ、禅の食ではないか。

余談だが、明治時代の話である。京都の山科《やましな》のある長者さんが、南禅寺《なんぜんじ》だったか、雲水さんを招いて、うどん供養をした。

三十分もしないうちに、静かになった。

そこへやとい人がやって来て、長者さんに、

——無くなりました。

——どれほどこしらえた。

——馬に食わせるほど。

——そりゃいかん。どうして雲水に食わせるほど打たなかったか。

雲水はそれほど、うどんが好きである。

ぼくが典座をしていた当時、雲水は四十人ほどいた。一人、四束と見込んだものである。腹一杯うどんを食べても薬石はきっちり食べる。僧堂へよく来る信者さんが、

——雲水腹とはよくいったもんですな。

うどん供養に関していえば、典座と大衆はいい交戦同士とでもいえようか。典座と大衆があけっぴろげにぶつかり合う。食とはそういうものだと思う。おいしい、まずいは、二の次である。そこで、ふっと思うのだが、

（典座の役割りとは。本分とは）

なんなんであろう。

最近、気づかせられたことに、一人でも多くの仏子を生み、育てていくことではないか。禅師の『典座教訓《てんぞきょうくん》』は、まさにそれである。

修行定食　其の五

茄子の生姜びたし

材料：茄子《なす》、生姜《しようが》、醤油《しようゆ》、味醂《みりん》、白胡麻《ごま》、胡麻油

①醤油、味醂でやや甘めのたれを作っておく。

②そこへ、おろし生姜、白胡麻を手びねりしたのを加える。

③茄子は15ミリの厚さの輪切りにして、中温の胡麻油で風味良く揚げる。

④茄子は、揚げるたびにたれに浸していけばいい。まあ、くぐらせるといったほうがいいかもしれない。

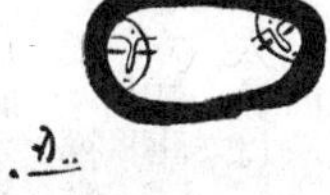

七　敬って作る、敬って供す

独参が終ったら、典座寮《てんぞりょう》へ戻って、半跏座《はんかざ》といって、片脚をもう一方の太股《ふともも》に上げて、つまり、略式の坐禅《ざぜん》をし、目は半眼にして、禅堂の雲水、旧《ふる》くから修行して来られた老僧、現在役職に就いている六知事《ろくちじ》、その下役、病僧、隠居僧、旅の僧の合計は何人か、山内の諸小庵《しょしょうあん》の人数は、漏れなくチェックを怠りなくしておきなさい。上山してくる僧、下山してゆく雲水の数に、少しでも疑問を覚えたら、六知事、衣食を担当する首位の役僧に、必ず確認をとるように。

一切の疑問が解決したら、次に、献立や食材について会議する。平均に一人一合を食べると見たら一合を炊き、二人で一合と決まれば一合を半分に分け、二人分とする。一合を三分することも四分することもでき、半分が一人分ともなり、他の残った半分ずつを集めればすなわち一人分となる。また、一人分の九分までを供給すれば、米の残りはどのくらいか。九分をとっておけば何人分供給できるのか。典座は心して見定めなさい。

修行僧はおいしい一粒の盧陵米《ろりょうべい》を食べ、そこに唐《とう》代の名典座と呼ばれた潙山霊祐禅師《いさんれいゆうぜんじ》の徳を偲《しの》び、典座は一粒の尊い盧陵米を供養して水牯牛《すいこぎゅう》（大衆）にも比べられる泥水にまみれて耕す水牛のような、元気溌溂《はつらつ》な雲水諸士を、やさしくいつくしむように見守りながら、食事作りに励み、心和やかに食べていただく。

施主が僧堂へ来て、

——一山全員で、昼食をして下さい。

と、供養のお金を置いていった。典座は他の知事と、いかにするか会議をしなさい。これは、僧堂の昔からの慣例である。同じように、回向料《えこうりょう》としての施財もまた同じで、一山の雲水諸士へ配るのも、各知事と会議をする。受けた典座の権限と思い、独断して、他の知事を無視してはいけない。

這裏《しやり》に却来《きやらい》せば、直《ただ》ちに須《すべか》らく目《め》を閉《と》じ、堂裏《どうり》には幾員《いくいん》の単位《たんい》ぞ、前資《ぜんし》勤旧《ごんきゆう》、独《どく》寮等《りようとう》は幾《いくば》くの僧《そう》ぞ、延寿《えんじゆ》・安老《あんろう》・寮暇等《りようかとう》の僧《そう》は幾箇《いくこ》の人《ひと》か有《あ》る、旦過《たんが》には幾板《いくはん》の雲《うん》水《すい》ぞ、菴裏《あんり》には多少《たしよう》の皮《ひ》袋《たい》ぞと締観《たいかん》すべし。此《かく》の如《ごと》く参《さん》じ来《きた》り参《さん》じ去《さ》りて、如《も》し纎《せん》毫《ごう》の疑《ぎ》猜《さい》有《あ》らば、他《た》の堂司《どうす》、及《およ》び諸寮《しよりよう》の頭首《ちようしゆ》・寮主《しようしゆ》・寮首座《りようしゆそら》等に問《と》え。疑《うたが》いを銷《け》し来《きた》り、便《すなわ》ち商量《しようりよう》するに、一粒米《いちりゆうべい》を喫《きつ》するには一粒米《いちりゆうべい》を添《そ》え、一粒米《いちりゆうべい》を分《わか》ち得《え》ば、却《かえ》って両箇《りようこ》の半粒米《はんりゆうべい》を得《う》と。三分《さんぶん》・四分《しぶん》・一半《いつぱん》・両半《りようはん》あり。他《か》の両箇《りようこ》の半《はん》粒米《りゆうべい》を添《そ》うれば、便《すなわ》ち一箇《いつこ》の一粒米《いちりゆうべい》と成《な》る。又《また》、九分《くぶん》を添《そ》うるに、剰《あま》り幾分《いくぶん》ぞと見《み》、今《いま》、九分《くぶん》を収《おさ》むるに、他《かれ》は幾分《いくぶん》ぞと見《み》る。

一粒《ひとつぶ》の盧陵米《ろりようべい》を喫得《きつしえ》て、便《すなわ》ち潙山僧《いさんそう》を見《み》、一粒《ひとつぶ》の盧陵米《ろりようべい》を添《そ》え得《え》て、又《また》、水牯牛《すいこぎゆう》を見《み》る。水牯牛《すいこぎゆう》は潙山僧《いさんそう》を喫《きつ》し、潙山僧《いさんそう》は水牯牛《すいこぎゆう》を牧《やしな》う。吾《われ》、量得《りようとく》せりや、儞《なんじ》、算得《さんとく》せりやと、撿《けん》し来《きた》り点《てん》じ来《きた》り、分明《ふんみよう》にし分暁《ふんぎよう》にし、機《き》に臨《のぞ》みて便《すなわ》ち説《と》き、人《ひと》に対《たい》して即《すなわ》ち道《い》え。且《か》つ恁《かく》のごとく功夫《くふう》すること、一如《いちによ》二如《によ》、二日《ふつか》三日《みつか》、未《いま》だ暫《しばら》くも忘《わす》るべからず。

施主院に入りて、財を捨し斎を設くれば、亦当に諸の知事と一等に商量すべし。是《こ》れ叢林《そうりん》の旧例《きゅうれい》なり。回物《えもつ》の俵散《ひょうさん》も、同共《とも》に商量《しょうりょう》せよ。権《けん》を侵《おか》し職《しょく》を乱《みだ》すことを得《え》ざるなり。

禅師のおっしゃる、一粒とはなんなんだろうか。修行から得る禅定《ぜんじょう》、力量ではなかろうか。この、人々具足《にんにんぐそく》は、誰一人推し量ることはできない。しかし、典座はそれを見抜くだけの眼識がなければ、典座の真の勤めを果したことにはならない。

同時に大衆は、一粒の、中国江西《こうせい》省吉州盧陵《きっしゅうろりょう》産《さん》の良質な米を炊いたご飯、つまり、典座の真心のこもった食事をいただいて、唐代の名典座、潙山霊祐禅師の道《どう》行《ぎょう》を噛《か》みしめ味わい、そして、典座は、黙々とよく働く、水牛のような大衆をじっと見守る。典座と大衆の無言の食の行といったら、大袈裟《おおげさ》か。

典座は真心で作り、大衆はその真心を感謝し、いただく。両者の真心が、典座も大衆も心ゆくまで修行ができる。つまり、その瞬間こそが、修行が成就している。二位一体、悟りそのものである。禅師は、そうおっしゃっているのではないか。

みんなが悟る、これが大乗仏教である。一人だけ悟る、これが小乗仏教という。トラックと自転車の違いとでもいおうか。

例えば典座が、今日の在錫者《ざいせきしゃ》、世間でいう在籍人数を計算する。病僧は何人か。行脚の投宿僧はと、しっかり確認し、寮頭に報告する。

すると、

——この二、三日、大作務が続いているから、添菜を二品つけるか。

指示を出す。

一例を上げると、冬なら、

——大根の味噌煮《みそに》揚げ。五菜びたしなぞどうかな。

案を出す。

この二品は、僧堂ならではのものである。

大根の味噌煮揚げ。

これは、冬の大作務の斎座《さいざ》である。

大根は二センチ厚みの輪切り。

昆布だしに赤味噌七ぐらい、白味噌三ほどの割、大根を入れ中火で煮る。とにかく、一口嚙んでとろけるほどである。これが、伝統である。あとは、冷まして揚げるだけである。

薄衣に黒ゴマを散らし、高温でぱりっと仕立揚げ。半分は、食の遊びである。日々が心抜けない、ほんの心やすめとでもいおうか。大衆はいつの間にか、誰いうともなく、

――食の一休。

そう、呼んでいる。

次に、

――五菜びたし。

小松菜、春菊、菜の花、ほうれん草、根三葉、高菜、京菜、大根や人参の葉、つまり、葉物ならなんでもいい。また、五菜とは限らない。とりあえず、最低五菜はほしい。

あくの少ないものから、さっと茹《ゆ》でる。

よく絞り、二、三センチほどに切る。

ボウルに、しょう油、酒、切り昆布、しょうがの絞り汁を合わせ、昆布がやわ

らかくなったら五菜を混ぜ、しばらくおいて味をなじませる。

食養学者石塚《いしづか》左玄《さげん》博士の食道歌に、

——春にがみ、夏は酢のもの、秋からみ、冬は油で合点して食へ。

どおり、ぼくは毎年春になると、週に一度はいただく。葉物はなんといっても春だから。

一粒米云々《うんぬん》は、多く作りすぎたり、少なすぎてもいけない。これは、殺生につながると。過不足なく。これが、典座の親切、道心である、禅師はおっしゃる。一粒の廬陵米、最高に満足のいく食事をいただいて、名典座といわれた潙山禅師の真心を思い浮べ、わが心を反省し、培《つちか》っていく。その第一として、食する人数と食材の量が、ピッタリ符合しているかどうか、典座の寮子が確認してくれば、寮頭はしっかり受け答えができるか。これでよしと確認できたら、指示を与えればいい。納得がいったなら、寮子は無心で、ひたすらなりきって、日々を綿密に従事するのみである。この心を、常に忘れてはいけない。

ぼくが典座に入った時、ある上の人から、

——典座はちっともむずかしくはない。日に新た、日に日に新た、また、日に新たなり。この心がけを忘れないように。

いわれた。そういわれれば、川の水は一ヶ所にとどまっていない。

僧堂は財施《ざいせ》を受けて、法施《ほうせ》を返す。

信徒から喜捨があれば、六知事が集まって会議をする。僧堂では、これを役寮会議という。昔も今も、これは変ることはない。特に典座は、

——なにか、皆さんでおいしいものを。

食事の合図は鳴らし物で

喜捨を受ける。これを典座は、独断で好き勝手に使えない。役寮会議に諮って、使用用途を明らかにする。

こんなことがあった。

――焼そばでもしようか。

と、決った。

当時、四十人はいたろう。それも、二十代、三十代の食べざかりである。供養だから、この日は随飯にした。だから、いくら食べてもいい。

何人かの元典座に加担してもらう。

玉ネギ、キャベツ、人参、ピーマン、モヤシをきざむ。

畳半分ほどの鉄板は、ドラム缶の上に乗っかっている。山賊の昼食である。

飯器という平桶《ひらおけ》に山もりの焼そば五つ、間隔を置いて並んでいる。

三分もしないうちに飯器が空になる。その間、典座は炒《いた》め三昧《ざんまい》。小菜は雲水が漬けた紅しょうが、小松菜、キャベツの塩漬。それに清汁《すまし》。一人三玉と見て、百二十だが、ひょっとして、を考えて百五十玉。誰がいったのか、

――焼そば饗応《きょうおう》。

雲水青春の、ほんの一コマである。

粥《かゆ》や斉食を調理し終ると、曹洞宗《そうとうしゅう》では、飯、汁、菜器に移し、献供机《けんぐつくえ》に並べ、大衆に向って、香を焚《た》き九拝し、禅堂へ運ぶ。臨済宗《りんざいしゅう》では、食堂に奉安してある韋駄天《いだてん》さまに献供する。香を焚き合掌はいうまでもない。韋駄天さまは、何里の道をもいとわず、超スピードで走り廻《まわ》り、食材を調達してくる神さまである。俗に、

――韋駄天走り。

は、これをいう。

典座は頃合に炊き上った粥、菜をお供えする。本堂の朝課《ちょうか》が終って、仏殿や本堂で、誦経《ずきょう》の引率をしたり、時間の折り目、切り目に大鐘を鳴らす。要するに僧堂内の看経を一手に引き受ける役の殿司《でんす》寮が経を誦《よ》む。

その間に粥を飯器に移し、小菜、梅干をそれぞれ菜器へ入れる。飯台看《はんだいかん》が来て、食堂へコの字型に飯台を並べ、下座に飯器、菜器の前に座る。これは臨済宗である。

曹洞宗は、各自の席、単というが、前に応量器《おうりょうき》を並べる。だから、粥、菜は禅堂へ運ばれることになる。運び、供給する雲水を浄人《じょうにん》、臨済宗は飯台看と呼ぶ。浄人、飯台看は墨染の雲水衣である。

柝《たく》、拍子木が一声打たれる。全員が、食前のお経を誦《しよう》しだす。

先にも述べたように、食堂は三黙堂《さんもくどう》の一つである。

お粥をすする音、小菜は、落語ではないが、チンチロリンのパーリパリは、とんでもない。口で噛みしめるのではない。心で噛みしめる。食前に誦む、「食事五観」の、

――四つには正に良薬を事とするは、形枯を療せんがためなり。

で、ある。

良薬。食は仏道をいそしむ、そのための助命の餌ということになる。それと、たかだか麦ご飯、汁、小菜とはいえ、命と心を養う最上の薬餌《やくじ》という意も含まれている。

――五つには道行を成ぜんがためにこの食を受く。

大悟を徹底への行を持続するための、日々の食である。つまり、み仏からの授かりもの。そう、理解している。だから、美食、素食は、念頭にない。典座はただ、

(皆が皆、いかに心安らかに食べてくれるか)

その思いだけである。その功夫《くふう》のみである。

現在は、副司寮《ふうす》から、

――なにか別菜を。

典座にいってくる。

――久し振りにカレーにするか。

同僚と相談する。

もちろん肉入りではない。肉の代りに、御承知だと思うが、コンニャクである。コンニャクを丹念に箸《はし》で突《つっ》き、梅干大にちぎり、茹でて乾煎《からい》りをする。油で炒《い》るが、同時に、バターを香りづけに少量落す。そして、少量のしょう油で味つけ。あとは、じゃがいも、人参、キャベツの芯《しん》など野菜をたっぷり足して炒めるが、僧堂《そうどう》では二十分ほど時間をかける。くずれるほどにである。そうそう、この時に、たかの爪を一、二本入れる。味に深みを出すためにか、建長寺《けんちょうじ》では、もう何十年来と聞いた。

修行定食　其の六

小豆粥

材料：小豆《あずき》、米、塩、水

①小豆は一晩水に浸しておく。それをそのまま茹《ゆ》でるが、できるだけ中火の弱で茹でる。

②次に、洗米の６倍ほどの水にほんのちょっぴりの塩を加えてお粥《かゆ》を炊く。この時、中火の弱か弱火が良い。とにかくお粥は気長に炊く。かすかに粘り気がでて、それでいてさらっと炊きあげるのがコツである。

③最後に小豆をすくいあげて混ぜる。

④小豆のゆで汁は、もちろん捨てないで味噌汁《みそしる》に入れる。

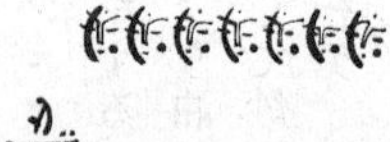

八　僧食九拝

朝食、昼食を料理し終わったら、いつもの通り、台盤上に並べ、典座《てんぞ》は袈裟《けさ》を着け、坐具《ざぐ》を敷いて、先《ま》ず、僧堂の聖僧(文殊菩薩《もんじゅぼさつ》)に香を焚《た》き、九拝をして、それから食事を運び出す。

一日中、朝、昼の食事の材料を調べ、料理をするのだが、一寸《ちょっと》でも無駄に過ごしてはならない。誠実に心細やかに道具諸器をあるべき所に片付け、細心の注意を持って働く、これ自体が諸仏諸尊に近づき、仏種子を養う神聖な行為と成る。さらに、まわりの一つ一つをよく見渡し、心を配れば、一山の全員が、ゆったり和やかに人格形成にうちこめることに成る。

現在、わが国で仏法という言葉を聞くようになってから、なんとも長く久しい。

ところが、僧の食事を作る心構え、作法について祖師方は、何一行と書き遺《のこ》してはいなかった。また、先徳方も、

——こうだから、こうあらねばならぬ。

そんなことも教えてくれなかった。いわんや、雲水諸士へ食事を出す際に、典座が香を焚き、九拝の礼をすることなど、誰一人知らず、夢のまた夢といっていい。

だから、わが国の在家の人など、僧たちの食事作法、どんな食事内容なのかも知らず、そう、まるで鳥がついばんでいるか、けだものがむしゃぶり食っているかのように思っている。また、実際それに近いといっていい。本来は、そんなものではない。彼らの食事に対する心構え、態度は、実になげかわしいし、憂うべき限りである。これは、どうしたらいいものか。

斎《さい》・粥《しゅく》、法《ほう》の如《ごと》く弁《べん》じ了《おわ》らば、案上《あんじょう》に安置《あんち》し、典座《てんぞ》は袈裟《けさ》を搭《か》け、坐具《ざぐ》を展《の》べて、

先《ま》ず僧堂《そうどう》を望《のぞ》み、香《こう》を焚《た》きて九拝《きゆうはい》し、拝《はい》し了《おわ》りて、乃《すなわ》ち食《しょく》を発《はっ》するなり。一日夜《いちにちや》を経《へ》、斎粥《さいしゆく》を調弁《ちょうべん》し、虚《むな》しく光陰《こういん》を度《わた》ること無《な》かれ。実《まこと》の排備《はいび》有《あ》らば、挙動《きよどう》施為《せい》するは、自《おの》ずから聖胎長養《しょうたいちょうよう》の業《ごう》と成《な》り、退歩翻身《たいほほんしん》するも、便《すなわ》ち是《こ》れ大衆安楽《だいしゆあんらく》の道《みち》なり。

而《しか》るに今《いま》、我《わ》が日本国《にほんこく》は、仏法《ぶっぽう》の名字《みようじ》、聞《き》き来《きた》ること已《すで》に久《ひさ》しきも、然《しか》も、僧食《そうじき》、法《ほう》の如《ごと》く作《つく》るの言《げん》、先人記《せんじんしる》さず、先徳教《せんとくおし》えず。況《いわ》んや僧食九拝《そうじききゆうはい》の礼《れい》、未《いま》だ夢《ゆめ》にも見《み》ざる在《あ》り。国人謂《こくじんおも》えらく、僧食《そうじき》の事《こと》、僧家作食《そうけさじき》の法《ほう》の事《こと》は、宛《あた》かも禽獣《きんじゆう》の如《ごと》しと。食法《じきほう》、実《まこと》に憐《あわ》れみを生《おこ》すべし、実《まこと》に悲《かな》しみを生《おこ》すべし。如何《いかん》、何若《いかん》。

食事の仕度が終ると、典座は袈裟をかけ、坐具（仏祖礼拝の時に敷く布）に座して、香を焚き、禅堂に向って九拝をする。合図の雲型の鋳物、これを雲版《うんぱん》というが、打つ。

禅師の時代は、法にはいかに綿密だったかこれで知れる。禅堂で座っている大衆、仏子である。典座は、単なる雲水へ対して焼香礼拝をしているのではない。過去世、現世、来世の三世諸仏を敬い、ひいては自らも感謝し、み仏の余徳をいただいている己にも、合掌低頭《ていず》である。

典座は三食を作っていればいいというものではない。

畑《きむ》の作務は、もうこれはいうまでもない。次は薪作務。これは、日々にかかわることだから、必須《ひっす》仕事である。非番だと托鉢《たくはつ》にも出る。

禅門の生活は、座禅、托鉢、作務を繰り返す。つまり、身体でもって悟れ、と
いうことである。学問や理屈は、所詮《しょせん》観念というわけである。だから典座の食事
作りは、作務なのである。

唐《とう》代末に、百丈懐海《ひゃくじょうえかい》という大禅匠がおられた。このお方は、九十五歳になって
も率先して作務に出られた。

雲水が老師の鎌《かま》か鍬《くわ》を隠してしまった。

――御高齢で、もうよろしかろう。

老師を思う気持からであった。

百丈老師は、朝、畑へ出ようと農具を探したが、どこにも見当らない。仕方が
ないので、自室で坐禅三昧《ざぜんざんまい》。

時分頃になると、雲水が斎座《さいざ》を持ってきた。百丈老師は坐《すわ》ったままである。

雲水が、もう食べ終られたろうと、下げに来たが、一口も上がっていない。

おかしいと思ったが、とりあえず下げた。

薬石も昼同様である。

それが二日、三日と続いた。

とうとうたまりかねて、雲水が、

――どうして召し上がらないんです。

尋ねると、百丈老師が、

――一日作《な》さざれば、一日食らわず。

と、答えた。

働かざる者、食うべからず。

権利と義務ではない。

なんにもしていないのに、よういただけません。人として、良心そのものの言葉である。

作す、これはただ働くということではない。仏作行である。

典座は、み仏の弟子である、大衆に供養しているということを、常に心して勤めると戒めなければならない。だから、寸刻たりとも油断があってはいけない。

大衆をして、身心の安楽、平常心を保ち続けてもらうことはいうまでもなく、典座自身も、悟りを得ることへの行であらねばならない。さらにいえば、仏国土建設の礎が、この典座といっても、いいすぎではない。全宇宙への回向《えこう》といってもいい。禅師はこうおっしゃる。

雑誌のグラビアで見た昔の僧たちの食事風景は、飯台を前に一人の僧が半裸で、立って食べながら何人か先へ、おそらく大声で喋《しゃべ》っている。また、ある僧は、隣人と笑いながらである。食をいただくことと仏法とはなんら関係がないという認識だった。禅宗では、威儀即仏法、作法即宗旨と代々いわれてきた。これが禅である。見るもの、聞くもの、すること為すこと、これが仏法、禅である、と。ありのままを素直に受けとめればいい。

私事で恐縮だが、ぼくの師匠はそういう人だった。禅学や経論について、何一つ喋ったこともない。雨が降ったら高下駄をはき、傘を、あたりまえだが、そうしていた。今、このくだりを拝読していて、

(師匠は、本当の禅坊さんになりきっていた)

ぼくには、死ぬまで無理だと思う。

修行定食　其の七

大根の味噌炒め

材料：大根、油、味噌《みそ》、味醂《みりん》、鷹《たか》の爪

①大根の皮は剝《む》かずにたわしで洗う。一口大の乱切りにしておく。

②フライパンに油を多めに敷く。炒め物だから強火にし、油が熱したところで乱切りの大根を入れる。

③キツネ色になったら大根の１割弱の水（酒）を加えて蓋《ふた》をする。炒め煮である。途中、３回位はかき混ぜておく。

④大根にまだ芯《しん》が残っている頃に、味噌、鷹の爪を加え、最後に味醂も加えて大根に絡めて出来上がり。

九　典座の先達に会う

私が、寧波《ねいは》の天童山景徳寺《てんどうさんけいとくじ》で修行していた当時、やはり、寧波府出身の用《ゆう》さんが、典座《てんぞ》を勤めていた。

ある日、昼食を済ませて、東側の廊下を歩いて、超然斎《ちょうねんさい》という寮舎へ行こうとしていたら、仏殿の前で、用典座がきのこを乾しているのを見つけた。その姿は、手に杖《つえ》を持ち、なんと、笠《かさ》もかぶっていない。陽は灼熱《しゃくねつ》のように照り返し、敷きつめた瓦《かわら》は焼けんばかりに熱い。用さんを見れば、大粒の汗が、ほとばしるように流れている。そんな状態なのに、黙々と仕事を繰り返し続けている。大変苦しそうである。こごんでいて、それにしても、浮き出た背骨は弓のように曲り、大きな眉《まゆ》は鶴のように白い。

私は思わず傍へ近づいて、

——あなたのお年は。

尋ねた。老僧は、

——六十八歳だ。

答えた。

——どうして、寺男にさせないのですか。

——彼らは衲《わし》ではない。

——なるほど、ご老僧のおっしゃるとおりです。しかし、なにもこのカンカン照りの中で、こんな苦しいことなどを。

——今、乾すにはいちばんいい。ものには、時、旬がある。この時間をはずして、いつ乾せばいいかね。

用典座の、この一言を聞いて、私としてはただ黙る以外はなかった。

私は廊下を超然斎に向って歩きながら、典座職がいかに大切かということを、しみじみ痛感させられたことである。

私は、嘉定《かてい》十六、一二二三年、癸未《みずのとひつじ》の五月中旬、夏至の頃である。私は慶元《けいげん》、寧府《ねいふ》港で上陸待ちで、船中に停泊していた。ある日、日本人の船長と雑談していると、船を目指して、一人の老僧が急ぎ足でやって来る。六十歳くらいに見た。まっすぐ船室へやって来て、日本の商人に、干した桑の実か椎茸《しいたけ》を注文し、買っている。私は、

――お茶でもいかがですか。

船室へ案内した。

お茶を喫《の》みながら、老僧の寺を尋ねると、寧波府の阿育王山《あいくおうざん》の典座だという。そして、老僧は、

――私は西蜀《せいしょく》の出身である。郷里《くに》を出て四十年も過ぎた。今年で六十一歳になる。若い頃から、各地にある僧堂の大半を、修行で暮してきた。先年、孤雲寺《こうんじ》の仮住職となったが、阿育王寺が立派な僧堂と聞いたので、改めて入門したが、自分で納得のいく修行もならず、中途な、むなしい日々を過してきた。それがどうしたことか、去年、夏の修行が閉じたら、大刹《たいせつ》阿育

王寺の典座という、重職を命ぜられた。今もまだ勤めている。

明日は五月五日、端午の祝日、雲水諸君になにかごちそうをと思ったが、これといって目ぼしいものはない。そこで、うどん供養でもと考えたが、ところが、おいしい麺《めん》つゆにするいい椎茸がない。それでこうして買い求めに来て、僧堂の雲水全員に、思うがまま食べてもらおう、そう思っている。

——僧堂を、何時頃出ましたか。

——昼食後、ただちに。

——育王山から、どれくらいの距離ですか。

——三十四、五里。

——何時までに僧堂へ帰ればいいんですか。

——この椎茸を買ったら、ただちに。

——今日は、思いがけずもお会いできて、たいへんうれしいことです。いかがでしょう、もう少し、お話をうかがいたいものです。折角の好縁をいただき、道元《どうげん》に、何かご供養をさせて下さい。

——それは、駄目です。明日の大衆への供養、もし衲《わし》が勤めなくなれば、供養が供養でなくなる。

そう、答えた。そこで私は、さらに、

——僧堂内に同じ役職の人で、昼や朝の食事のできる人は何人もいらっしゃるでしょう。あなた御一人が欠けたところで、なんら差し支えがないでしょう。

すると老典座は、きっぱりと、

——私は年を取ってから、この職を命じられ、修行をさせてもらっている。どうして、他の人にこれを譲ることができようか。それとまた、ここへ来るについて、一夜外宿の許可ももらってきていません。

それを聞いて、私はさらに質問をした。

——御老僧、あなたほどのお年を召されて、悟りへの近道、坐禅《ざぜん》修行で工夫をし、祖師方の書き遺《のこ》されたものも研究しないで、煩わしい典座職に執着し、労苦も嫌わず、その辺の婦女子と変らない仕事をしていなさる。それは、何かいいことでもあるからですか。

老典座は、聞きながら、大笑いして、

――外国から来た、志高い立派な好青年よ、あなたはまだ、道をわきまえる、修行するということを体得していないようだ。それと、文字の本来も理解していないと、私は見る。

老典座の、今の話を聞かされた瞬間、予測もしない大きな驚きが、全身をつらぬいた。高い山の絶壁から、一気に落されたかと思った。すぐさま、私は涌《わ》き起る、高波のような胸を静めながら、

――今、おっしゃった文字とはなんでしょうか。道をわきまえるという、弁道とは、どんな意味を持つのでしょう。

質問をすると、老典座は、

――今、あなたが質問された、文字弁道とは、それ自体が文字であり、弁道なんだ。これをうっかり見誤うことがなければ、文字の大きさ、深さを

知り、弁道ということを、しっかり身体で理解した人になるであろう。修行未熟な私には、正直なところ、全身で納得するところまでいかなかった。そして、

――今、衲《わし》がいったことが、会得できなかったら、後日いつでも育王山へやって来なさい。その時にじっくりと、文字の本来の働きについて、心ゆくまで話し合いましょう。

こういうと、老典座は立ち上り、ぽつりと、

――陽が落ちてしまった。さあ、帰ろう、帰ろう。

言い置いて、立ち去った。

山僧《さんぞう》、天童《てんどう》に在《あ》りし時《とき》、本府《ほんぷ》の用典座《ゆうてんぞ》、職《しょく》に充《あ》てらる。予《よ》、斎罷《さいおわ》るに因《よ》り、東廊《とうろう》を過《す》ぎて、超然斎《ちょうねんさい》に赴《おもむ》けるの路次《ろし》、典座《てんぞ》は仏殿《ぶつでん》の前《まえ》に在《あ》りて苔《たい》を晒《さら》す。手《て》に竹杖《ちくじょう》を携《たずさ》え、頭《あたま》には片笠《へんりゅう》も無《な》し。天日《てんじつ》は熱《あつ》く、地甎《ちせん》も熱《あつ》きも、汗流《かんりゅう》して徘徊《はいかい》し、力《ちから》を励《はげ》ま

して苔《たい》を晒《さら》し、稍々《やや》苦辛《くしん》するを見《み》る。背骨《はいこつ》は弓《ゆみ》の如《ごと》く、竜眉《りゅうび》は鶴《つる》に似《に》たり。山僧《さんぞう》、近前《ちか》づきて、便《すなわ》ち典座《てんぞ》の法寿《ほうじゅ》を問《と》う。座《ぞ》云《い》う、「六十八歳《ろくじゅうはっさい》なり」と。山僧云《さんぞうい》う、「如《い》何《か》んぞ行者《あんじゃ》・人工《にんく》を使《つか》わざる」と。座《ぞ》云《い》う、「他《かれ》は是《こ》れ吾《わ》れにあらず」と。山僧云《さんぞうい》う、「老人家如法《ろうにんけにょほう》なり。天日且《てんじつか》つ恁《かく》のごとく熱《あつ》し、如何《いか》んぞ恁地《かくのごとく》にする」と。座《ぞ》云う、「更《さら》に何《いず》れの時《とき》をか待《ま》たん」と。山僧《さんぞう》、便《すなわ》ち休《きゅう》す。廊《ろう》を歩《あゆ》むの脚下《きゃっか》、潜《ひそ》かに此《こ》の職《しょく》の機要《きよう》たるを覚《さと》る。

又《また》、嘉定十六年《かていじゅうろくねん》、癸未五月《みずのとひつじごがつ》の中《ちゅう》、慶元《けいげん》の舶裏《はくり》に在《あ》りて、倭使《わし》の頭《かしら》と説話《せつわ》する次《おり》、有《あ》る一老僧来《いちろうそうきた》る。年《とし》は六十許《ろくじゅうばか》りの戴《とし》なり。一直《いちじき》に便《すなわ》ち舶裏《はくり》に到《いた》り、和客《わかく》に問《と》い、和《わ》椹《じん》を討《もと》め買《か》う。山僧《さんぞう》、他《かれ》を請《まね》きて茶《ちゃ》を喫《きっ》せしめ、他《かれ》の所在《しょざい》を問《と》えば、便《すなわ》ち阿育王山《あいくおうざん》の典座《てんぞ》なり。他云《かれい》う、「吾《わ》れは是《こ》れ西蜀《せいしょく》の人《ひと》なり。郷《きょう》を離《はな》れて四十年《しじゅうねん》を得《え》、今《いま》、年《とし》是《こ》れ六十一歳《ろくじゅういっさい》なり。向来《これまで》、粗諸方《ほぼしょほう》の叢林《そうりん》を歴《へ》たり。先年《せんねん》、権孤雲《ごんこうん》の住裏《じゅうり》に、育王《いくおう》を討《たず》ねて掛塔《かた》し、胡乱《こらん》に過《す》ぐ。然《しか》るに去年《きょねん》、解夏《げげ》し了《おわ》りて、本寺《ほんじ》の典座《てんぞ》に充《あ》てらる。明日《あす》は五《ご》の日《ひ》なれば、一《ひと》たび供《きょう》せんとするも渾《すべ》て好喫《こうきつ》なるもの無《な》し。麺汁《めんじゅう》を作《つく》らんと要《もと》むるも、未《いま》だ椹有《じんあ》らざる在《あ》り。仍《よ》りて特特《とくとく》として来《き》たり、椹《じん》を討《もと》め買《か》い、十方《じっぽう》の雲衲《うんのう》に供養《くよう》せんとするなり」と。山僧《さんぞう》、他《かれ》に問《と》ふ、「幾時《いくとき》にか彼《かしこ》を離《はな》る」と。座《ぞ》云《い》う、「斎了《さいおわ》りてなり」と。山僧云《さんぞうい》う、「育王《いくおう》は這裏《しやり》を去《さ》ること多少《たしよう》の路《みち》か有《あ》る」と。座《ぞ》云《い》う、「三十四五里《さんじゆうしごり》なり」と。山僧云《さんぞうい》う、「幾時《いくとき》にか寺裏《じり》に廻《かえ》り去《さ》る」と。座《ぞ》云《い》う、「如今《いま》や、椹《じん》を買《か》い了《おわ》れば、便《すなわ》ち行《ゆ》かん」と。山僧云《さんぞうい》う、「今日《こんにち》、期《き》せずして相会《あいかい》し、且《か》つ舶裏《はくり》に在《あ》りて説話《せつわ》す、豈《あ》に好結縁《こうけちえん》に非《あら》ざらんや。道元《どうげん》、典座禅師《てんぞぜんじ》に供養《くよう》せん」と。座《ぞ》云《い》う、「可《よ》からず。明日《あす》の供養《くよう》、吾《わ》れ若《も》し管《かん》せずば、便《すなわ》ち不是《ふぜ》になり了《おわ》らん」と。山僧云《さんぞうい》う、「寺裏《じり》、何《なん》ぞ同事《どうじ》の者《もの》の、斎粥《さいしゆく》を理会《りえ》する無《な》からんや。典座《てんぞ》一位《いちい》在《あ》らざるも、什麽《なん》の欠闕《けつけつ》か有《あ》らん」と。座《ぞ》云《い》ふ、「吾《わ》れは老年《ろうねん》にして此《こ》の職《しよく》を掌《つかさ》どる、乃《すなわ》ち耄及《もうきゆう》の弁道《べんどう》なり。何《なに》を以《もつ》てか他《かれ》に譲《ゆず》るべけんや。又来《またきた》る時《とき》、未《いま》だ一夜《いちや》の宿暇《しゆくか》を請《こ》わず」と。山僧又典座《さんぞうまたてんぞ》に問《と》う、「座尊年《ぞそんねん》、何《なん》ぞ坐禅弁道《ざぜんべんどう》し、古人《こじん》の話頭《わとう》を看《かん》せざる。煩《わずら》わしく典座《てんぞ》に充《あ》てられて、只管《しかん》に作務《さむ》し、甚《なん》の好事《こうじ》か有《あ》らん」と。座《ぞ》大《たい》笑《しよう》して云《い》う、「外国《がいこく》の好人《こうじん》、未《いま》だ弁道《べんどう》を了得《りようとく》せず、未《いま》だ文字《もじ》を知得《ちとく》せざる在《あ》り」と。山僧《さんぞう》、他《かれ》の恁地《かくのごとく》に話《かた》るを聞《き》き、忽然《こつねん》として発慚驚心《ほつざんきようしん》し、便《すなわ》ち他《かれ》に問《と》う、「如何《いか》なるか是《こ》れ文字《もじ》、如何《いか》なるか是《こ》れ弁道《べんどう》」と。座《ぞ》云《い》う、「若《も》し問処《もんじよ》を蹉過《しやか》せざれば、豈《あ》に其《そ》の人《ひと》に非《あら》ざらんや」と。山僧《さんぞう》、当時《とうじ》、会《え》せず。座《ぞ》云《い》う、「若《も》し未《いま》だ了得《りようとく》せざれば、他時後日《たじごじつ》、育王山《いくおうざん》に到《いた》れ。一番《いちばん》、文字《もじ》の道理《どうり》を商量《しようりよう》し去《さ》ること在《あ》らん」と。恁地《かくのごとく》に話《かた》り了《おわ》り、便《すなわ》ち座《ざ》を起《た》ちて云《い》う、「日《ひ》晏《く》れ了《おわ》れり、忙《いそ》ぎ去《ゆ》かん」と。便《すなわ》ち帰《かえ》り去《ゆ》けり。

ぼくが建長寺《けんちょうじ》の僧堂にいたころ、ぼくより少し古参で小堀宗運《こぼりそううん》という人がいた。この人が椎茸作りを提案し、自ら先頭に立って働いていた。皆もそれに習って山から切ってきた椎《しい》の木や、くぬぎに菌を植え、百本近く植えただろうか、春と秋の収穫期には面白いほど生えてきた。条件が良かったせいか、どれもこれも肉厚で大きく良い物が採れた。

ある日、沢山採れるので食堂の脇で干していると、管長さんがひょこひょこやってこられて、

「天童山の椎茸干しか」

そういわしゃる。

その意味がのみこめないもんで、

「はっ？」

問い返すと、

「禅公……」

ぼくは建長寺では宗禅と呼ばれてたので、皆から下の一字を取って「禅さん」で通っていた。「公」とは「熊公」「八公」のあれである。

「つまらん本を読んで妄想を描いたり、盗み酒して気炎あげてる暇があったら、いっぺんぐらい『典座教訓《てんぞきょうくん》』をひもといてみよ。ましてお前は典座じゃろ。なさけないおとこじゃ！」

と、たいそうしかられたことがある。あれから何年になるのだろう、いまこうして『典座教訓』と向き合っている。何たる皮肉、管長さま、禅公は道元《どうげん》禅師と椎茸問答中です。この歳になってようやく道元禅師の衝撃がしみじみ解るようになってきました。

「他《かれ》は是《こ》れ吾《われ》にあらず」。自分の修行はどこまでも自分の修行であり。他人に変わってもらえない。変われば自分の修行で無くなる。

「さらに何《いず》れの時をか待たん」。ものごとには「なすべき時」があり、今の弁道を明日にのばすことはできない。我々は、いつ死ぬかわからない。明日かもしれない、明後日《あさって》かもしれない。今やらずしていつやる。用典座の言葉に道元禅師ははっとした。この気付きは、禅師の無常観によるものだと、ぼくは思う。人間とはいつどうなるかわからない。だから今この時しっかり仕事をしておく。禅師は気付かされたのだ。

さらに、椎茸問答は続く。禅師は港に着き、入国の許可は下りていたが、天童寺への入寺の許可、公憑《こうし》（旅行許可証）がおりるまでのあいだ入山の準備をしていた。丁度その時、六十一歳の老典座が椎茸を求め二十何キロの道を歩いて買いにきた。思いがけずそこで、生きた仏教を初体験する。

禅師にとって修行とは、坐禅を組んだり、お経を唱えたりすること、また文字とは、大蔵経《だいぞうきょう》、公案祖録《こうあんそろく》を読むことであった。ご飯作りが修行だなんて、えーっ、てな感じでびっくりしたんだと思う。禅師は貴族だから、あまり下々のことがわからない。どうして立派な老僧が椎茸を買いにくるのか。

どうして、どうして……それればかりだったと思う。

老僧は大笑いして、

何にも知らないんだな、この外国のお坊主さんは。

まあそう思ったにちがいない。でも禅師のひたむきな道を求める眼差《まなざ》しに老僧とてハッとしたのではないか。ぼくのように長年坊さんとしての垢《あか》がついたものにとって、弁道に燃える若者を見ると、はっとする。坊主にとて初心こそが何よりも大切な禅の心なのだ。

老典座は禅師に、『どうして』という気持を持ち続けることが文字であり修行なのだと。禅師の中国での修行の一歩がここから始まった。

ぼくも第一歩ははっきり憶《おぼ》えている。

玄関の敷台に低頭し、

――頼みましょう。

大声で申し込む。すると、

――どーれ。

と、答が返ってきた。

――神戸六甲 祥竜寺《しょうりゅうじ》徒弟《とてい》、藤井《ふじい》宗哲《そうてつ》、高貴僧堂へ掛錫《かしゃく》をお願いに上り、よろしくお取次のほどを。

入門嘆願書、履歴書、これを掛塔《かとう》願書という。掛塔、もしくは掛錫というが、昔は錫杖《しゃくじょう》を手に行脚した。その錫杖を掛けて滞留すること。つまり、目的の禅寺で宿泊、修行するところから、そういう。これを提出し、一日中ひれ伏している。庭詰《にわづめ》という。願心のほどを示す行で、二日間である。現在は夕刻になれば、旅の僧であるから、一室を与えられるが、昔は門宿といって、山門の下で、坐禅を組んで一夜を明かした。

これは、禅宗の二祖慧可《えか》神光《しんこう》が、嵩山《すうざん》少林寺の初祖菩提達磨《ぼだいだるま》に弟子入りを頼んだが、達磨大師は面壁《めんぺき》するばかりで、応も否《いや》もない。ある大雪の日、慧可は左臂《ひじ》を切断し、願心のほどを示して赦《ゆる》された。禅門では、慧可断臂《えかだんぴ》といって、この心で修行せよと戒めている。この説話をもとに庭詰が始まったと、ぼくは小僧の頃に師兄、兄弟子より聞かされた。

庭詰が終ると三日間、与えられた一室で、終日坐禅。旦過詰《たんがづめ》という。旦過とは、雲水が夕方に来て、一夜の宿泊を乞《こ》い、旦《あした》に去る。現在では、入門に来て、しばらく投宿することを旦過詰という。客僧の仮の宿と理解すればいい。

庭詰、旦過詰の初関《しょかん》の行は臨済宗《りんざいしゅう》で、曹洞宗《そうとうしゅう》は、旦過詰だけと聞いている。五日の入門行が終って、雲水として認められるが、もちろん禅師の時代も、この関門をくぐっている。

年を取っても道を求める、その道心の厚さに、俗にいう、身も震わんばかりに感激した。船中での出会いは、深切だった。しかし、訪ね来てくれたのは、僧としての親切であると、禅師は心底感動した。これは、ぼくの思いだが、禅師はこの時、

(真の禅者を見た)

心底、泣いたのではないか。

禅語に、

――破襴衫裏包清風《はらんきんりにせいふうをつつむ》。

破れ法衣を着ていても、心中は清風明月で気高い。

そう、老典座を見、確信したのではないか。

禅者は、修行のプロセスを、何条低という。修行の段階をいう。禅師は、悟り、十条低ではないにしろ、八条低に達していたのではないか。著述で知る限り、この段階ではそうであったと思われる。

修行定食　其の八

小松菜の油揚げ入り辛子和え

材料：小松菜、油揚げ、醤油《しようゆ》、味醂《みりん》、辛子、塩

①小松菜は塩茹《しおゆ》でし、3センチの長さに切り、水気をよく絞る。

②油揚げは両面を煎《い》り、ピーンと張れば火を止める。これが油揚げかとわからないくらいにすり鉢で、よくする。

③よくすった油揚げに6：4の醤油、味醂を加え、好みの辛子で味を整え、和え衣とする。

④最後に小松菜を指先でほぐしながら入れ、手でよくかき混ぜ、10分ほど味をなじませてからいただく。

十　禅師、食の真理に目覚める

その年の七月、天童山景徳寺《てんどうさんけいとくじ》の雲水の一員として認められ、入門を赦《ゆる》された。

ある日のことである。彼の典座《てんぞ》が来山し、面会に来てくれた。

――夏の修行期間が終ったから、典座職を引退して郷里へ帰ろうと思っている。たまたま道友たちに、あなたがここで修行なさっていると聞いたので、どうしても、もう一度会っておこうと思ってやって来た。

私は、踊り上らんばかりに嬉《うれ》しく、感激した。過日のことを、あれこれ話しているうちに、いつの間にかかつての船中での話、文字について、弁道についての話になった。老典座は、

――文字を学ぶ人は、文字そのものの本来を知るために学び、坐禅《ざぜん》して悟

らんとする人は、悟りの究極を体得する。

　で、さらに、

――じゃあ、文字とは、一体なんなんでしょう。

　尋ねると、

――一、二、三、四、五。

――なら、弁道、悟りとは、

――宇宙は全く、開けっぴろげ。

　他にも色々問答をしたが、今はあえてここでは記さない。しかし、私がいささかなり、文字本来の意味、道を究める、ということを体得できたのは、老典座の親切、大恩のおかげである。帰国して、典座との話を、先師明全和尚にすると、なんともありがたい法縁を得たことよ、と、ただただ、喜んで下さったことである。

　私は後年、雪竇重顕禅師《せっちょうじゅうけんぜんじ》が門下の僧たちに示した小詩を読んだことがある。

一字七字三五字は宇宙そのもの
あらゆることをきわめてみたら、すべてが夢、幻
深夜の月は、山海いっぱいに輝きわたり
悟りはどこにあるかと探し続けたが、この世のどこにも転がっていた。

この詩は、先年会った用典座の話の内容と、全く一致している。あの用さんは、まごうことなく、腹から悟った禅者だったと、真から納得できた。こういうわけだから、今まで見て知っている文字は、一、二、三、四、五である。しかし、悟りを得て見る文字も、六、七、八、九、十で、なんのことはない。全く変りはないのだ。

後々に続いて修行する雲水諸士よ、こっちからあちら、あちらからこちらと順応心を持ち続け、綿々密々に日々を工夫していけば、文字は単に文字でないことがよくわかり、真正、深奥な禅味禅心、真の仏法が体解《たいげ》できうるということがよくわかろう。もし、それが理解できなかったら、外道

禅、畜生禅に陥り、禅天魔と蔑《さげす》まれ、世間的にはできのいい食事を作ったとしても、一山の雲水諸士は喜んではくれないだろうし、心満足して食べてはくれない。典座も供養したことにはならない。

同年七月《どうねんしちがつ》の間《かん》に、山僧《さんぞう》、天童《てんどう》に掛錫《かしゃく》す。時《とき》に彼《か》の典座《てんぞ》来《きた》り得《え》、相見《しょうけん》して云《い》う、「解《げ》夏《げ》し了《おわ》れば、典座《てんぞ》を退《しりぞ》きて郷《きょう》に帰《かえ》り去《さ》らんとす。適々兄弟《たまたまひんでい》、老子《ろうし》の箇裏《こり》に在《あ》りと説《い》うを聞《き》く。如何《いかん》ぞ来《き》たり相見《しょうけん》せざらん」と。山僧《さんぞう》、喜踊感激《きようかんげき》し、他《かれ》を接《せっ》して説話《せつわ》するの次《おり》、前日《ぜんじつ》の舶裏《はくり》に在《あ》りての、文字《もじ》・弁道《べんどう》の因縁《いんねん》を説《と》き来《き》たる。典座《てんぞ》云《い》う、「文《も》字《じ》を学《まな》ぶ者《もの》は、文字《もじ》の故《ゆえ》を知《し》らんと為《な》すなり。弁道《べんどう》を務《つと》むる者《もの》は、弁道《べんどう》の故《ゆえ》を肯《うけが》わんことを要《もと》むなり」と。山僧《さんぞう》、他《かれ》に問《と》う、「如何《いか》なるか是《こ》れ文字《もじ》」と。座《ぞ》云《い》う、「一《いち》二三四五《にさんしご》」と。又問《またと》う、「如何《いか》なるか是《こ》れ弁道《べんどう》」と。座《ぞ》云《い》う、「偏界曾《へんがいかつ》て蔵《かく》さず」と。其《そ》の余《よ》の説話《せつわ》は、多般《たはん》有《あ》りと雖《いえど》も、今《いま》は録《ろく》さざるなり。山僧《さんぞう》、聊《いささ》か文字《もじ》を知《し》り弁道《べんどう》を了《りょう》ずるは、乃《すなわ》ち彼《か》の典座《てんぞ》の大恩《だいおん》なり。向来《こうらい》の一段《いちだん》の事《じ》を、先師全公《せんしぜんこう》に説似《せつじ》するに、公《こう》、甚《はなは》だ随喜《ずいき》するのみなり。

山僧《さんぞう》、後《のち》に、雪竇《せっちょう》の頌《じゅ》もて僧《そう》に示《しめ》せることあるを看《み》るに、云《い》う、

　一字七字《いちじしちじ》、三五字《さんごじ》、
　万像窮《まんぞうきわ》め来《き》たるに、拠《よりどころ》を為《な》さず。
　夜深《よふ》け月白《つきしろ》くして、滄溟《そうめい》に下《くだ》る、
　驪珠《りじゅ》を捜《さが》し得《え》ば、多許《たこ》有《あ》り。

と。前年《ぜんねん》に彼《か》の典座《てんぞ》の云《い》いし所《ところ》と、今日《こんにち》の雪竇《せっちょう》の示《しめ》す所《ところ》と、自《おの》ずから相《あ》い符合《ふごう》す。弥々《いよいよ》知りぬ、彼《か》の典座《てんぞ》は、是《こ》れ真《まこと》の道人《どうにん》なりしことを。然《しか》れば則《すなわ》ち、従来《じゅうらい》看《み》し所《ところ》の文字《もじ》は、是《こ》れ一二三四五《いちにさんしご》なり、今日《こんにち》、看《み》る所《ところ》の文字《もじ》も、亦六七八九十《またろくしちはちくじゅう》なり。後来《こうらい》の兄弟《ひんでい》、這頭《しゃとう》より那頭《なとう》を看了《みおわ》り、那頭《なとう》より這頭《しゃとう》を看了《みおわ》りて、恁《かく》のごときの功夫《くふう》を作《な》さば、便《すなわ》ち文字上《もじじょう》に一味《いちみ》の禅《ぜん》を了得《りょうとく》し去《さ》らん。若《も》し是《か》くの如《ごと》くならざれば、諸方五味《しょほうごみ》の禅《ぜん》の毒《どく》を被《こうむ》り、僧食《そうじき》を排弁《はいべん》するも、未《いま》だ好手《こうしゅ》を得《う》る能《あた》わざるなり。

　あれから二ヶ月がたった。修行に励む日々、あの椎茸《しいたけ》問答の典座さんが乞暇《こうか》をする前に訪ねてきてくれたのである。

道元禅師《どうげんぜんじ》は、船中での会話はたぶん筆談であったろう。この頃には言葉にも馴《な》

僧堂の食事風景

れ、修行中に感じたこと、疑問に思ったことなどを歓談されたことと思う。馴れない国での修行は、さぞ苦労されたのではないか。まず、僧侶《そうりょ》達の口臭がひどいことに閉口したり。ものごとをはっきりさせないと気の済まない禅師は、入山してからもいろいろな問題を起こしている。国によって仏法が違うはずがないと、正しいと信じたことを徹底的に追求する禅師の名は、天童山のみならず五山まで知れ渡っていた。

この頃、はたして禅師は老典座の言ったことが本当に理解できたのだろうか。老典座には中国禅独特の思想が貫かれている。これは自給自足による、生きるすべが禅の修行であるという思想である。

これはいつの頃からというと四祖大医《だいい》道信《どうしん》（五八〇〜六五一）のときからである。初祖菩《ぼ》提《だい》磨達《だるま》（＊〜五三六頃）、二祖太祖《たいそ》慧可《えか》（四八七〜五九三）、三祖鑑智《かんち》僧璨《そうさん》（＊〜六〇六）はまだ、集団で修行生活を送らず、一処に留《とど》まることはなく乞食《こつじき》行にささえられた修行であった。

　四祖は、五百人位の修行僧をかかえていた。もう乞食では支えきれなくなり、修行者自身による自給自足を始めるようになった。これは祖師禅における歴史的な大変革である。五百人もの集団生活をおくればそこに自然と規則が生まれ、それがやがて清規《しんぎ》となり禅宗独特の戒律となっていった。

　仏教本来の戒律からいえば修行者は、販売《ぼんまい》貿易《むやく》、一切の種植《しゅじき》、草木を斬伐《ざんばつ》したり、土地を墾《たがや》し地を掘るようなことをしてはならないことになっている。それは、一切の生産活動をしてはならないことである。

　その後、四祖によって自給自足の農作業や肉体労働までもが禅の重要な修行であるという大きな変化が生まれてきた。やがてその思想が禅に深く刻まれてくるのである。

　老典座のいう弁道は、日常の生活の中にある文字をいかにデザインするか、それが修行なのだ。それが言いたくて禅師に会いにきたのだと思う。しかし、禅師の考えていた弁道は、まだ、禅門の特別な行に打ち込むことが修行と考えている。日常のありふれた雑務が尊い修行であると頭では解っていても、その中に没頭することが弁道そのものであると。うなずけなかったのではないかと、私は思う。

過日、『典座教訓《てんぞきょうくん》』を書くに当たり、熱き文字弁道を極め行く修行僧たちのために己の体験をとおして老典座のすばらしい道心を伝えた。典座たる者の範を示されたのだ。物事の本質は文字によって捉《とら》えることはできない、純粋にして素朴な目にのみ真理のほうから本質を見せてくれる。たゆまぬ精進によって辿《たど》りついた境地は、なんら古来の僧と変わらず、誰もが雪竇禅師《せっちょうぜんじ》であり老典座なのだ。

私は、こうして『典座教訓』と格闘し、しみじみとありがたくおもう。同時に未熟者なので時として、我見、おごり、たかぶり、我欲……といった「心の錆《さび》」がでる。こんな時は、『典座教訓』を読むのが辛《つら》くなる。

先日、『禅 Zen』の映画を観に行った。修行僧のひたむきで清々しい姿を観て思わず涙ぐんでしまった。

うかうかできんぞと、己を励ました。

誠に食事を作るということは、無数に輝く驪珠《りじゅ》の一つ、命というものを育《はぐく》み同時に未来の仏陀《ぶつだ》を育む仕事なのだと。

修行定食　其の九

牛蒡の黒砂糖煮

材料：牛蒡《ごぼう》、昆布、醤油《しょうゆ》、黒砂糖、粉山椒《こなざんしょう》

①牛蒡はたわしでこすり、土を落とす。４センチ位に切る。太ければ縦半分にする。

②鍋《なべ》に昆布を少し贅沢《ぜいたく》に多めに敷き、その上に牛蒡を入れる。そこに、牛蒡がかぶる程度の水を張る。

③醤油をひとわたりさっと加え、黒砂糖を加える。牛蒡の量によるが、やや控えめがよい。

④落とし蓋《ぶた》をして、中火で気長に時間をかけて煮含める。いただく時に、粉山椒をひとふりする。

十一　典座は一山の住職の心持で

まことに、この典座職というのを、祖師方の勤めぶりを耳にしたり、私が中国で修行中、実際に彼らの仕事ぶりを見てきた。わずかだけれど、私の眼に耳に残っており、また、先徳が書き遺《のこ》されたものは、まさしく仏祖直伝で、間違いなく当を得ていた。これこそ、正真正銘の、お釈迦《しゃか》さまがわれわれに語って下さった、真のお言葉そのものといって間違いはない。たとえば、住持人となったとしても心はすぐれた典座とおなじでなくてはならない。

『禅苑清規《ぜんねんしんぎ》』に、

——朝、昼、二度の食事を調理する時は、自身の心まかせではなく、諸師、土に召し上がっていただくのだから、やさしく喉越《のどご》しよく、味わい深く、ふっくら、おだやかにしなければならない。それと、飲食《おんじき》、衣服《えぶく》、臥具《がぐ》、医薬のどれ一つも大切で、これが不足のないように、常日頃から心がけておかなければならない。

お釈迦さまは、百歳の長寿を全うされるところ、八十歳で遁化《おかくれ》なされた。遺る二十年を子孫であるわれわれに置いて下さったのである。

そのおかげで、後々のわれわれ生かされている者たちが、その慈悲をいただき、日々を無事にすごさせていただいているわけである。

また、お釈迦さまの眉間《みけん》から放たれる、何億光年の、良心、智慧《ちえ》の御《おん》光《ひかり》の功徳は、ひるがえって、わが身、全ての人々の心の灯《ともしび》となって、永遠に消えはてない。よくよく考えなければいけない。

そう、述べてある。

だから、つまり、

——ひたすら、人のために尽す、このことのみに励んでいれば、自身の貧しさ、辛《つら》さ、不幸というものは、それほど大層なことではない。小さなこだわりを捨てれば、永遠に円満福徳が、知らず知らずに、身に備わってくる。

そう、断言している。

よくよく考えてみれば、この心くばりこそ、典座はいうまでもなく、住持職が雲水たちを、心から供養する気持と同じである。

誠《まこと》に夫《そ》れ、当職《とうしょく》は、先聞《せんもん》あり現証《げんしょう》ありて、眼《め》に在《あ》り耳《みみ》に在《あ》り。文字《もじ》有《あ》り道理《どうり》有《あ》り、正的《しょうてき》と謂《い》うべき歟《か》。縦《たと》い粥飯頭《しゅくはんとう》の名《な》を忝《かたじけな》くするも、心術《しんじゅつ》も亦《また》之《こ》れに同《おな》じくすべきなり。『禅苑清規《ぜんねんしんぎ》』に云《い》う、「二時《にじ》の粥飯《しゅくはん》は、理《おさ》むること合《まさ》に精豊《せいほう》なるべく、四事《しじ》の供《く》は、須《すべか》らく闕少《けつしょう》せしむること無《な》かるべし。世尊二十年《せそんにじゅうねん》の遺恩《ゆいおん》は、児孫《じそん》を蓋覆《がいふく》し、白毫光《びゃくごうこう》の一分《いちぶん》の功徳《くどく》、受用《じゅゆう》して尽《つ》きず」と。然《しか》れば則《すなわ》ち、「但《た》だ衆《しゅ》に奉《ぶ》するを知《し》りて、貧《ひん》を憂《うれ》うべからず」「若《も》し有限《うげん》の心《しん》無《な》くば、自《おの》ずから無窮《むぐう》の福有《ふくあ》らん」と。蓋《けだ》し是《こ》れ、衆《しゅ》に供《く》する住持《じゅうじ》の心術《しんじゅつ》なり。

私は出家より三十年、師匠の期待を裏切り、禅ヒッピーとなった。頼まれれば、お経を読み、精進料理も作る。ときに絵も描き、書もする。そんな私が今ここに生かされているのは、釈尊《しゃくそん》が御自身の寿命を二十年も縮められ、後世の仏子の至福を願われた利他の尊い行いによるものだ。

少しでも釈尊に近づきたいと、もがき生きている。ただただ釈尊にひれ伏し、こつこつと料理を作り、食作法を伝えてきた。ほんの少しでも良い、未来の仏陀《ぶつだ》の役に立ちたい。それは、役立たずだから役立ちたいのだ。仏道を歩む者は貧乏でも何でも良いのだ。私たちは、いつでも釈尊に見守られている。真心を持って人々に奉仕する心があればいいと。

今を生きる全ての人に、いにしえの典座の心を伝え、仏子をお預かりしているのだという心構えで、仏の生命である食物によって修行させていただいている。

修行定食　其の十

茗荷の炒め煮

材料：茗荷《みようが》、油揚げ、一味唐辛子、油、塩、酒、味醂《みりん》、醤油《しようゆ》

①茗荷は縦四つ割りにする。油揚げは細切りにする。

②鍋《なべ》に油を熱し、茗荷を入れ、塩少々をふってしんなりするまで強火で炒める。

③茗荷に油が回って透明になってきたら、油揚げ、酒、味醂、醤油を加えて、茗荷の赤い色が消えない程度に弱火で煮る。

④仕上げに一味唐辛子をからめて、火を止めたら出来上がり。

十二　食に上物下物なし

大衆への食事供養を調理する心がけとして、食材上物、粗物など、あれこれ口にしてはいけない。

ただ、調理は真心で、食材をどこまでも生かしきって、敬って作ることのみに集中していればいい。その昔、お米のとぎ水一鉢を、貧しい老婦人が、托鉢《たくはつ》中のお釈迦《しゃか》さまに、供養をした。

――この功徳で、あなたは来世、男子に生まれ変り、出家となり、立派に悟りを開かれるであろう。

そう、お釈迦さまが予言された。

阿育王《あしょか》は、いよいよ命終らん臨終を迎えるに際し、枕元のマンゴーの一切れを、寺に喜捨した。

その最後の善根《ぜんこん》で、立派に大往生がとげられる予言があり、未来永劫《えいごう》成仏の果報を受けた。一概に供養といっても、たといたっぷりであっても、見せかけだけの心のこもらないものは、ほんのわずかでも、真実のあるものには、とうてい足元にもおよばない。これが、世の常の業《ごう》というものである。

ところで、この世で見た目のいい、一番おいしい料理を作ったとしても、これが必ず、最高というものではない。粗末な菜っ葉汁だからといって、下の下と思うのは、心貧しい人である。粗末な野菜だからといって軽んじ、いいかげん簡単に、その場限りの投げやりにあしらうのではなく、仏のおん命と思い、心から精いっぱい野菜になり切って、汚《け》がれなく、やわらかく、ふくよかな料理、これを醍醐味《だいごみ》、精進料理でよくいう、美菜といえよう。それはどうしてか。

お釈迦さまの広大無辺な教えを慕う、多くの僧や信徒が、無私で自然と一体になった瞬間、おいしいとかまずいなどは、始めから意識、心にない。ただ、心ゆったり、おだやかを味わっているのみ。大海のように。ましてや、禅道に励み、悟りは得ずとも、おいしい、まずいなどの判断、区別など、みじんもない。食は、味わい、楽しむものではないから。

——比丘《びく》の口は、竈《かまど》の如《ごと》し。

供養の食だから、なんでもいただく。

先徳はそういった。僧ならあたりまえのことである。いわんや、禅僧なら。だから、食べ物に、上物、下物、味の濃、淡の別は、心に持たない。

食は一切が円、○である。○とは、大宇宙、和である。

どんな貧しい食であれ、悟らんとする身体を養い、さらに修行していくための道食である。これを不服に思ったりしてはいけない。三界の大導師なら、これらの食の尊さ、ありがたさを万人に示していくべきである。

供養《くよう》の物色《もっしき》を調弁《ちょうべん》するの術《じゅつ》は、物《もの》の細《さい》を論《ろん》ぜず、物《もの》の麤《そ》を論《ろん》ぜず、深《ふか》く真実《しんじつ》の心《こころ》、敬重《きょうじゅう》の心《こころ》を生《おこ》すを詮要《せんよう》と為《な》す。見《み》ずや、漿水《しょうすい》の一鉢《いっぱつ》も、也《ま》た十号《じゅうごう》に供《く》して、自《おの》ずから老婆《ろうば》の生前《せいぜん》の妙功徳《みょうくどく》を得《え》、菴羅《あんら》の半果《はんか》も、也《ま》た一寺《いちじ》に捨《しゃ》して、能《よ》く育王《いくおう》の最後《さいご》の大善根《だいぜんこん》を萌《おこ》さしめて、記莂《きべつ》を授《さず》かり、大果《たいか》を感《かん》ぜしことを。仏《ぶつ》の縁《えん》なりと雖《いえど》も、虚《こ》多《おお》きは実少《じつな》きに如《し》かず。是《こ》れ人《ひと》の行《ぎょう》なり。

所謂《いわゆる》、醍醐味《だいごみ》を調《ととの》うるも、未《いま》だ必《かなら》ずしも上《じょう》と為《な》さず、莆菜羹《ふさいこう》を調《ととの》うるも、未《いま》だ必《かなら》ずしも下《げ》と為《な》さず。莆菜《ふさい》を捧《ささ》げ、莆菜《ふさい》を択《えら》ぶの時《とき》も、真心《しんしん》・誠心《じょうしん》・浄潔心《じょうけつしん》もて、醍醐《だいご》味《み》に準《じゅん》ずべし。所以《ゆえん》は何《いか》ん。仏法《ぶっぽう》清浄《しょうじょう》の大海衆《だいかいしゅう》に朝宗《ちょうそう》するの時《とき》は、醍醐味《だいごみ》を見《み》ず、莆菜味《ふさいみ》を存《そん》せず、唯《た》だ一大海《いちたいかい》の味《あじ》のみなり。況《いわ》んや復《ま》た道芽《どうが》を長《そだ》て聖胎《しょうたい》を養《やしな》うの事《こと》は、醍醐《だいご》と莆菜《ふさい》とは、一如《いちにょ》にして二如《ににょ》無《な》きをや。「比丘《びく》の口《くち》は竈《かまど》の如《ごと》し」の先言《せんげん》有《あ》り、知《し》らざるべからず。想《おも》うべし、莆菜《ふさい》も能《よ》く聖胎《しょうたい》を養《やしな》い、能《よ》く道芽《どうが》を長《そだ》つることを。賤《いや》しと為《な》すべからず、軽《かろ》しと為《な》すべからず。人天《にんでん》の導師《どうし》は、莆菜《ふさい》の化益《けやく》を為《な》すべきものなり。

仏道修行っていったい何なんだろ。仏に成ることを目的として修行することだと思われている。だが、禅における修行とは、一切の欲望や求める心を捨て去ることだと言う。仏に成る目的でさえ捨て去る。ただひたすら修行することが仏の行いと成る。調理するにあたっても食材の上等下等の分別を捨て去り、ひたすら真心感謝の心をこめて修行させていただくのみである。

ああなんとも難しい。いまを生きる野良坊主、何か目的がなければ何もしないし、常に物の良し悪しを分別する。また、それがなければ社会では生きてはいけない。だからといって、修行をやめるわけにはいかない。ただ困るのは、修行のことが何もわからぬ輩《やから》が『悟り』をふりまわすことで坊さんをどれだけ傷つけているか。

悩むことは苦しい。でも、そこから逃げ出すことはいやだ。苦しみを何かに転換したい。何時でも、もがき苦しんでいる。ただ欲望に流されていたのでは空しい。私はある時苦しみでさえも、良し悪しの分別をしていると感じた。時間はいくらでもある。じっくり腰を据え、己の沸き立つ思いを見つめ、己を調理してみればいいのだと。材料は欲望に分別、調味料は釈迦牟尼仏《しゃかむにぶつ》の悟り、これを使い調理してみれば良い。

どうしたって、食材に対して分別はおこる。上等もあれば下等も出てくる。だからどうしたということを思わない。ただひたすら仏の目で命を見据えてゆくだけ。釈迦牟尼仏の調味料を使えばどんな物でも醍醐味と成る。心配することはない。坊さんはみんな腹ぺこだし、口は竈と同じだ。何でも燃やしてくれる。ケチな分別も欲望もひとたまりもない。すべて燃やし尽くして功徳とする。有り難い菩薩《ぼさつ》たちなのだ。

典座《てんぞ》は、どんな食材もその命が辿《たど》った道のりを思い、軽く観てはいけない。だからといって重く観すぎてもいけない。それぞれの持ち味を生かして調理する。供養を受ける修行僧は、ただ全身全霊で食材の功徳を十分に味わい、衆生を教化し、利益するのみである。

修行定食　其の十一

新じゃがの梅肉和え

材料：新じゃがいも、梅干し、味醂《みりん》、塩

①じゃがいもは皮を剝《む》いて4センチの長さの千切りにして、水に5分程晒《さら》しておく。

②そのじゃがいもを、塩をひとつまみ入れた湯で、歯触りが残る程度にさっとゆでる。

③梅干しは種を外し、包丁でたたき、味醂でのばし、じゃがいもと和えて出来上がり。

十三　人に上品下品なし

食の良し悪しを、云々《うんぬん》するなといったが、同じように、人の良し悪しも見てはいけない。いわんや、雲水の老若なども、考えるなど、もっての他というよりない。

考えてもごらん、自分自身、いつ死ぬかもわからないではないか。自分以外、どうして、他人の死にゆくことがわかろうか。同じように、自身の欠点、落度を見て、他人も同じと思うのも、これはおかしい。いや、不遜《ふそん》というものであろう。

子供の頃出家した僧も、遅くなって出家した僧も、また、利口で呑《の》み込みの早い者も、おろかで道理の見極めが遅い者も、同じ禅僧であることには間違いはない。昨日の誤ち、今日の正しさ、悟った、悟らず、こんなことは、神、仏のみ知ることで、われわれ誰一人、知り得ようか。

『禅苑清規《ぜんねんしんぎ》』に、
僧に悟るも悟らないもない。ただ、僧というだけで、全世界に通用する。

そう、述べられている。

だから、一切の良し悪しにこだわらない願心があれば、ただちに悟りの世界に入れる。これが、仏道修行である。私が述べてきたことを、一歩でも間違えて解釈すれば、うっかりとはいえ、そのすれ違いは大きい。

今から、典座《てんぞ》を勤める諸士よ、今、このような心構えで仕事をしてこそ初めて禅の偉大さがわかろう。高祖百丈禅師《こうそひやくじようぜんじ》の記された、雲水のありよう、心構え『百丈清規《ひやくじようしんぎ》』が、絵空事でないことがよくわかる筈《はず》。


又《また》、衆僧《しゆぞう》の得失《とくしつ》を見《み》るべからず、衆僧《しゆぞう》の老少《ろうしよう》を顧《み》るべからず。自《おのれ》すら猶《な》お自《おのれ》の落《らく》処《しよ》を知《し》らず、他《かれ》も、争《いか》でか他《かれ》の落処《らくしよ》を識《し》るを得《え》んや。自《おのれ》の非《ひ》を以《もつ》て他《かれ》の非《ひ》と為《な》すこと、豈《あ》に誤《あやま》らざらんや。耆年《ぎねん》と晩進《ばんしん》と、其《そ》の形《かたち》は雖《こ》れ異《こと》なるも、有智《うち》と愚朦《ぐもう》と、僧《そう》宗《しゅう》は是《こ》れ同《おな》じ。随《したが》いて亦《ま》た昨《さく》の非《ひ》と今《いま》の是《ぜ》と、聖《しょう》と凡《ぼん》と、誰《たれ》か知《し》らん。『禅苑清規《ぜんねんしんぎ》』に云《い》う、「僧《そう》には凡聖無《ぼんしような》ければ、十方《じっぽう》に通会《つうえ》す」と。若《も》し、「一切《いっさい》の是非《ぜひ》、管《かん》する莫《な》し」の志気《しいき》有《あ》らば、那《な》んぞ「直《ただ》ちに無上菩提《むじょうぼだい》に趣《おもむ》く」の道業《どうごう》に非《あら》ざらん。如《も》し向来《こうらい》の一歩《いっぽ》を錯《あやま》らば、便乃《すなわ》ち対面《たいめん》に蹉過《しゃか》せん。古人《こじん》の骨髄《こつずい》は、全《まった》く恪《かく》のごとき功夫《くふう》を作《な》すの処《ところ》に在《あ》るなり。後代《こうだい》の、当職《とうしょく》を掌《つかさど》るの兄弟《ひんでい》も、亦《また》、恪《かく》のごとき工夫《くふう》を作《な》して始《はじ》めて得《よ》からん。百丈高祖嚢聖《ひゃくじょうこうそのうしょう》の規繩《きじょう》は、豈《あ》に虚然《こねん》ならんや。

同じく人の良し悪しも判断をしてはいけない。正直、判断をしないというのは難しいが、つねに無分別を心がけなくてはいけない。生まれてこのかた、ものの良し悪しの判断というものを教育され、分別というものを教わってきた。娑婆《しゃば》では、分別のある人というのが褒め言葉である。一度身に付けた分別をどうすれば良いのだろうか。僧侶《そうりょ》は基本的には物品を選ぶことが出来ない。命を布施に預けている。喜捨されたものは何一つ残さず有り難く戴《いただ》いてくるのみだ。

私は初めてのお盆の棚経《たなぎょう》が忘れられない。師匠に言われるがまま地図を片手にお参りをした。先《ま》ずは、自分のことで精一杯だった。慣れない着物や衣が着崩れ、たどたどしいお経、ぎこちない所作で独り仏壇の前に坐《すわ》り汗をかきかきお勤めをしていた。檀家《だんか》さんはだれ一人何の文句も言わず、深々と手を合わせ布施をして下さる。

その中でも一番というくらいのあばら屋にお参りに行った時のことである。薄暗くカビ臭い、何となくこの家に入るのが嫌だった。玄関で大きな声で挨拶《あいさつ》しても家の人が出てこない。かってに上がり仏壇にお経を上げていた。すると線香が揺らぎ、後ろに気配を感じた。やがてなまぬるい風が背中に当たった。振り返ることも出来ないので、ただ風を味わっていた。やがてお経も終わり振り向くと、腰の曲がったちょっと怖い婆さんが団扇《うちわ》を持って坐っていた。「和尚さん、暑いのにご苦労だね。お布施少なくてごめんよ」無造作に、ちり紙に包んだお布施を渡してくれた。私は、「団扇、有り難うございました」と、一言。その時、婆さんが微笑んだように感じた。この風に、坊さんの何たるを教わったように思う。いまでも忘れることが出来ない。立派な家もあればあばら屋のようなみすぼらしい家もある。でてくるお茶も様々お菓子も様々。でも、あの風が一番のもてなしだった。

師匠は日頃、

――禅僧たるもの出されたものは残してはならぬ。

私は忠実にその教えを守り檀家さんが出して下さるお茶とお菓子をたいらげた。まあ全部のお檀家さんが出すわけではないがかなりの量と水分をとった。一軒に滞在する時間が長過ぎて、夜九時位にお寺に戻り、心配をかけたことを今でも思い出す。まだクーラーなど殆《ほとん》どの家に無く、扇風機しかなかった時代である。良い時代だったと思う。最近では、お茶もペットボトルになり、缶コーヒーまで出てくる。分別する事なかれ、ただ只管《ひたすら》に真心を伝えるのみである。

修行定食　其の十二

干し柿の白和え

材料：干し柿、人参、蒟蒻《こんにゃく》、木綿豆腐　白胡麻《ごま》、醤油《しようゆ》、味醂《みりん》、塩

①白胡麻を香ばしく煎《い》り、すり鉢でよくする。

②豆腐は布巾《ふきん》に包んで重しをのせ、水気を切っておく。

③①のすり鉢に豆腐を加えて、味醂、醤油、塩を加えて衣を作る。

④人参、蒟蒻は千切りにして、さっと湯がき、薄味をつけておく。干し柿も千切りにしておく。

⑤人参、蒟蒻、干し柿を衣で和えて出来上がり。

十四　当時の日本の典座

私が帰国して二、三年ほど、再修行で建仁寺《けんにんじ》に駐《とど》まっていた。

この寺では典座《てんぞ》はいるが、その実、名ばかりで、居ないのも同然であった。典座付寺男が一切を賄っていた。いや、建仁寺ばかりではない、他の僧堂でも、似たりよったりであった。

典座の勤めが、仏道修行だということも知らず、それをしっかり理解している雲水は、誰一人居なかった。なんとも悲しく、あわれそのものであった。これは、典座とはを、熟知している人もおらず、ただ、虚《むな》しく日々を無為に送っているだけで、結果的にみ仏の教えを傷つけ、汚しているにすぎなかった。

私が宋《そう》へ修行に出る前、建仁寺で修行していた頃も、やはりそうだった。

典座は自らの手で、朝、昼の食事を作るのでなく、どうすれば全員が心豊かになるか、食事とはいったいなんなのか、ただ、智慧《ちえ》も才覚も働かない寺男に任せきりであった。そして、それが理に叶《かな》った食事作りであるのかどうか、見ることさえ一度たりともなかった。それどころか、典座が台所へ行くことは、僧侶《そうりょ》が在家の婦人に会いに出かけるのと同じように、恥のように思い、だから、台所へ入って、寺男にあれこれ指示することなど、沽券《こけん》にかかわり、僧として器量が下がると思いこんでいた。

ただ、終日寮舎でごろんと横になったり、同僚と世間話をしたり、大声で歌を唄《うた》ったり、時でもないのにお経を誦《よ》んでみたり、ただ無為にだらだらしているだけである。毎日毎日がその繰り返しで、台所で包丁を握るようなこともしない。

いわんや、寺で使うものを買ったり献立や量について考えることもしない。まして出来上がった二食に香を焚《た》き、大衆へ食事を送り出す時に、必ずしなければならない九拝など、およそ夢にも考えたこともない。典座はそんなことさえ知らなかったのである。やがて時が経って年少の者に教える時がきても何も教えるべきものがない。

道をわきまえない人は、心得のある、奥義に達した人にめぐり会えない。会っていても気づかないのは憐《あわ》れで悲しむべきことである。せっかく宝石の山に入っても、手ぶらで帰り、真珠や珊瑚《さんご》の海へ入っても、何一つ得ることもないに等しい。

その前に、典座を勤めることで、悟らなければという心が、まだ芽生えなくとも、仏徳を具《そな》え持たれた人に会うだけでも、悟りに近づいていることになる。また、よしんば会えなくとも、常に願心さえ持ち続けていれば、それだけですでに、悟りの世界に一歩も二歩も近づいているのだ。このことを、よく心の底から肝に銘じておきなさい。思えば、建仁寺僧堂の典座は、これが欠けているから、いくら典座を勤めていても、なんら益することとは、とうていないだろう。

山僧《さんぞう》、帰国《きこく》してより以降《このかた》、錫《しゃく》を建仁《けんにん》に駐《とど》むること一両三年《いちりょうさんねん》なり。彼《か》の寺《てら》、慭《なまじ》かに此《こ》の職《しょく》を置《お》くも、唯《た》だ名字《みょうじ》有《あ》るのみにして、全《まった》く人《ひと》の実無《じつな》し。未《いま》だ是《こ》れ仏事《ぶつじ》なること識《し》らざれば、豈《あ》に敢《あ》えて道《どう》を弁肯《べんこう》せんや。真《まこと》に憐憫《れんびん》すべし、其《そ》の人《ひと》に遇《あ》わず、虚《むな》しく光陰《こういん》を度《わた》り、浪《みだ》りに道業《どうごう》を破《やぶ》ることを。曾《かつ》て彼《か》の寺《てら》を看《み》しに、此《こ》の職《しょく》の僧《そう》は、二《に》時《じ》の斎粥《さいしゅく》に都《すべ》て事《こと》を管《かん》せず、一《いっ》の無頭脳《むずのう》・無人情《むにんじょう》の奴子《ぬす》を帯《たい》して、一切《いっさい》の大小《だいしょう》の事《こと》、総《すべ》て他《かれ》に説《と》き、作《な》し得《え》て正《ただ》しきも、作《な》し得《え》て正《ただ》しからざるも、未《いま》だ曾《かつ》て去《ゆ》きて看《み》ず。隣家《りんか》に婦女《ふじょ》有《あ》るが如《ごと》くに相似《あいに》て、若《も》し去《ゆ》きて見《み》るを得《え》ば、他《かれ》乃《すなわ》ち恥《はじ》とし乃《すなわ》ち瑕《きず》とす。一局《いっきょく》を結構《けっこう》して、或《ある》は偃臥《えんが》し、或《ある》は談笑《だんしょう》し、或《ある》は看経《かんきん》し、或《ある》は念誦《ねんじゅ》して、日久《ひひさ》しく月深《つきふか》きも、鍋辺《かへん》に到《いた》らず。況《いわ》んや、什物《じゅうもつ》を買索《まいさく》し、味数《みすう》を諦観《たいかん》せんや。豈《あ》に其《そ》の事《こと》を存《そん》せんや。何《なん》ぞ況《いわ》んや両節《りょうせつ》の九拝《きゅうはい》、未《いま》だ夢《ゆめ》にも見《み》ざる在《あ》り。時《とき》に童行《ずんなん》を教《おし》うるに至《いた》るも、也《ま》た未《いま》だ曾《かつ》て知《し》らず。

憐《あわ》れむべく、悲《かな》しむべし、無道心《むどうしん》の人《ひと》、未《いま》だ曾《かつ》て有道徳《うどうとく》の輩《やから》に遇見《ぐうけん》せざることを。宝山《ほうざん》に入《い》れりと雖《いえど》も、空手《くうしゅ》にして帰《かえ》り、宝海《ほうかい》に到《いた》れりと雖《いえど》も、空身《くうしん》にして還《かえ》る。応《まさ》に知《し》るべし、他《かれ》、未《いま》だ曾《かつ》て発心《ほっしん》せずと雖《いえど》も、若《も》し一《いっ》の本分人《ほんぶんにん》に見《まみ》えば、則《すなわ》ち其《そ》の道《どう》を行得《ぎょうとく》し、未《いま》だ一《いっ》の本分人《ほんぶんにん》に見《まみ》えずと雖《いえど》も、若《も》し是《こ》れ深《ふか》く発心《ほっしん》せる者《もの》ならば、則《すなわ》ち其《そ》の道《どう》を行膺《ぎょうよう》せんことを。既《すで》に以《もっ》て両《ふた》つながら闕《か》くれば、何《なん》ぞ以《もっ》て一《いっ》も益《えき》することあらん。

帰国後道元禅師《どうげんぜんじ》は、仏祖正伝《しょうでん》の仏法を学んできたという確信とその教えを広めたいという強い思いから、自らを「入宋伝法沙門道元《にっそうでんぽうしゃもんどうげん》」と称した。それは仏仏諸祖絶えることなく伝えられた釈迦牟尼《しゃかむに》の生命を、いかに絶やさず伝えてゆくのか、道心と責任感で燃えていたのだろう。

五年の歳月で政情も変わり、度重なる天変地異《てんぺんちい》によって人々は混乱し、仏教界も僧兵たちの抗争が繰り返され、念仏衆の弾圧など、騒然とした嘉禄《かろく》三年（一二二七）に建仁寺に着いた。寺は昔の面影はなく、なんら俗界と変わりなかった。道元禅師のことだから、この堕落をどうにかしようと努力したのだろう。さすがの道元禅師もどうにも成らなかったのではないかと思う。でもその経験が『典座《てんぞ》教訓《きょうくん》』を生み出す原動力と成った。

これは、いつの世も変わらないだろう。むしろ何でも手に入る現代のほうがやっかいだ。昔は貴重だったものが誰でも手に入る時代になった。良いようだが有り難みが薄れた。わかったような気になっているがじつはなにもわかってない。これは椎茸《しいたけ》問答の典座ではないが、文字の何たるかがわかってないのだ。知識は有る、インターネットも有る、文明の力は何でもそろっている。だが、あの老典座はいない。どうしたら老典座に出会えるのか、只只《ただ》只管《ひたすら》に道を求めてゆくその先に待っているのではないかと思う。

私は典座という宝物に出会った御蔭《おかげ》で、曲りなりにも坊さんでいられる。また、『典座教訓』というとんでもない名著と戦う羽目にも成ってしまったが、まったくもって良い出会いとご縁をいただいたものだと感謝している。良き師に巡り会わなければ宝の山にいても、宝の海にいても、何も得られず何も身につけることが出来ない。道元禅師の言葉に「良き師に会わなかったならばむしろ学ばないほうがましだ（正師を得ざれば学ばざるに如《し》かず）」というのがある。

料理を作るという、ただその中に人格完成の道を見出《みいだ》し、どんな時代どんな場所であっても命に欠かせない食事で修行ができることを教わった以上、これを世界に広めたいという道心が私の中に芽生えた。

現在、全米に約二千ヶ所の禅の道場が在るといわれている。私は二〇〇四年より二〇〇七年に毎年私的に一ヶ月間西海岸の禅センターを巡った。滞在中に精進料理を教え、禅アートで交流し、修行を共にした。時に、己が老典座だったり、また時に、青い目の老僧が私に『ONE・TWO・THREE』を教えてくれたりした。純粋に禅を求める禅友の初心の素晴らしさに心が洗われた。この巡礼で一番の喜びは、共に修行する禅友に心から、食事の供養が出来たことである。

修行定食　その十三

豆腐の味噌漬け

材料：木綿豆腐、味醂《みりん》、味噌《みそ》、酒

①豆腐は布巾《ふきん》に包んで重しをのせ、30分以上おいて水切りする。

②味噌に味醂と酒を混ぜ、豆腐1丁が入る容器に入れる。その上に豆腐をのせ、さらに残りの味噌でおおい、冷蔵庫で1日以上漬ける。

③2、3日おくと味が良くなじむ。あとは切って皿に盛って出来上がり。

十五　禅道の本分

私が見てきた、宋国《そうこく》の五山《ござん》十刹《じっせつ》の六知事《ろくちじ》は、一年交代であった。この知事たちは、日々三種類の心得をもって勤め、仏縁に従って練磨していた。

その三通りの心得とは次のようなものである。

一心、自利利他。自分の心を高め、他人を成仏させ、さらに、仏道を究めてもらう。

二心、僧堂を今以上興隆させ、禅門の風格をより増して高め、禅者としての自覚をさらに確信していく。

三心、先徳と肩を並べ、同時に、道友達と競い励み、また、先徳の大きな行跡を慕い、それを受け継ぎ尊重し、自他が幸せになるようにと、思い勤める。

自分自身を他人事《ひとごと》のように思う愚か者がいるいっぽうで他人のことを自分のことのようにわけへだてなく接する者がいることを、はっきりと肝に銘じておく必要がある。

先徳は、いうではないか。

――人生も、早や三分の二も過ぎた。なのに、み仏から授かった身も心も、研ぎ磨かない。ただなんとなく、漠然と無責任に生きている。自らを喚起し、わが心に働きかけようとしないのは、いったいどういうことであろうか。

いい指導者に恵まれることがなければ、俗情に流されっぱなしでただ生きながらえているだけである。

『法華経《ほけきよう》』の「信解品《しんげほん》」に、「長者窮子《ちようじやぐうじ》」のたとえ話がある。

おろかな息子が、父である長者の家の財宝を運び出し、大衆の面前でちりあくたのように捨ててしまった、という喩《たと》えだが、典座《てんぞ》の仕事をないがしろにするのもこれと同じだ。なんとも、哀れで、気の毒なことだ。

その昔の、典座職を勤められた、仏徳ある人々の話を聞くと、その職とその人柄が、まさにぴったり同体であった。潙山霊祐禅師《いさんれいゆうぜんじ》が大悟されたのは、典座時代であった。

また、ある時一人の僧が、

——仏とはなんですか。

問うたのに対し、洞山守初禅師《とうざんしゅしょ》が、

——麻三斤。

と、答えた。やはり、典座を勤めている時であった。もし、貴ぶことがあるとするなら、悟りがまさにその貴ぶべきものである。限りなき尊厳なものを慕いながら、それが楽しめる日一日、これが仏信の生活である。

こんな仏話がある。

二人の幼児が、土砂遊びをしていた。そこへお釈迦《しゃか》さまが弟子と共に、托鉢行《たくはつぎょう》をしていた。一人の子供が、一握りの砂を宝と見たて、お釈迦さまに献じた。

受け取られたお釈迦さまは、一の弟子阿難《あなん》に、

――この子は、後に生まれ替って、阿育王《あしょか》という名君主となり、仏の教えを世に拡めてゆくだろう。

予言されたという。

また、仏像をつくって礼拝することにも、同じような事がいえる。まして、潙山禅師と同じ職について同じ名の職である典座を努めていれば同様に仏の道に入ることになるであろう。先徳方のその心、勤めを全うすれば、真、善、美が必ずや、生涯身についてはなれることはない。

大宋国《だいそうこく》の諸山諸寺《しょざんしょじ》を見《み》るが如《ごと》きは、知事《ちじ》・頭首《ちょうしゅ》の、職《しょく》に居《お》るの族《もの》は、一年《いちねん》の精勤《しょうごん》を為《な》すと雖《いえど》も、各々《おのおの》三般《さんぱん》の住持《じゅうじ》を存《そん》し、時《とき》に与《あずか》りて之《これ》を営《いとな》み、縁《えん》を競《きそ》いて之《これ》に励《はげ》む。已《すで》に如《も》し他《た》を利《り》し、兼《ま》た自利《じり》を豊《ゆた》かにせば、

叢席《そうせき》を一興《いっこう》し、高格《こうかく》を一新《いっしん》し、
肩《かた》を斉《ひと》しくし、頭《こうべ》を競《きそ》い、踵《あと》を継《つ》ぎ、蹤《あと》を重《かさ》ぬ。

是《ここ》に於《お》いて、応《まさ》に自《じ》を見《み》ること他《た》の如《ごと》くするの癡人《ちにん》有《あ》り、他《た》を顧《かえり》みること自《じ》の如《ごと》くするの君子《くんし》有《あ》ることを詳《つまびらか》にすべし。古人《こじん》云う、「三分《さんぶ》の光陰《こういん》、二《に》は早《は》や過《す》ぎしに、霊台《れいだい》の一点《いってん》も揩磨《かいま》せず。生《せい》を貪《むさぼ》り日《ひ》を逐《お》い、区々《くく》として去《ゆ》き、喚《よ》べども頭《こうべ》を回《めぐ》らさざるは、争奈何《いかん》せん」と。須《すべか》らく未《いま》だ知識《ちしき》に見《まみ》えざれば、人情《にんじょう》に奪《うば》わるることを知《し》るべし。憐《あわ》れむべし、愚子《ぐし》、長者《ちょうじゃ》の伝《つた》うる所《ところ》の家財《かざい》を運《はこ》び出《だ》し、徒《いたず》らに他人《たにん》の面前《めんぜん》の塵糞《じんぷん》と作《な》すことを。今《いま》は乃《すなわ》ち然《しか》あるべからざるか。

職《しょく》に当《あた》りし前来《ぜんらい》の有道《うどう》のものは、其《そ》の掌《しょう》、其《そ》の徳《とく》、自《おの》ずから符《かな》うことを嘗観《しょうかん》すべし。大潙《だいい》の悟道《ごどう》は、典座《てんぞ》の時《とき》なり。洞山《とうざん》の麻三斤《まさんぎん》も、亦典座《またてんぞ》の時《とき》なり。若《も》し事《こと》を貴《とうと》ぶべき者《もの》ならば、悟道《ごどう》の事《こと》を貴《とうと》ぶべし。若《も》し時《とき》を貴《とうと》ぶべき者《もの》ならば、悟道《ごどう》の時《とき》を貴《とうと》ぶべき者歟《ものか》。事《こと》を慕《した》い道《どう》を耽《たの》しむの跡《あと》は、沙《いさご》を握《にぎ》りて宝《たから》と為《な》すも、猶《な》お其《そ》の験《げん》有《あ》り、形《かたち》を摸《に》せて礼《らい》を作《な》すも、屢々《しばしば》其《そ》の感《かん》を見《み》る。何《いか》に況《いわ》んや、其《そ》の職《しょく》は是《こ》れ同《おな》じく、其《そ》の称《しょう》も是《こ》れ一《いっ》なるをや。其《そ》の情《じょう》、其《そ》の業《ごう》、若《も》し伝《つた》うべき者《もの》ならば、其《そ》の美《び》、其《そ》の道《どう》、豈《あ》に来《きた》らざらんや。

修行というものは、喜びをもって自己の職務に励んでおれば、自ずと他の修行僧が心置きなく修行に励むことが出来る。また共に仏道成就に励めば、禅林が興隆し修行のレベルも向上する。それはまた、すぐれた古人とも切磋《せっさ》琢磨《たくま》することとなり、先人の足跡を慕い、行跡を大切にすることとなる。

私はただの野良坊主だが、人一倍禅に恋している。朝、目覚めてから、床に入るまで功夫弁道《くふうべんどう》。誰が言ったか正真正銘の禅馬鹿である。毎日が公案。その時その時の職務に全身全霊で当たること、それが修行と心得、過去現在未来すべての禅を歩む者たちと共に精進させていただいていることに喜びを感じる。潙山霊祐禅師、洞山守初禅師、阿育王山の老典座、天童山《てんどうさん》の用《ゆう》典座など、文字によって、いにしえの典座にまみえ、覚りの瞬間をあじわっている。

典座という修行は、時空を超え、共に歩む命の物語をしっかりと感じ取り、その中に仏を感じ、道心を添え、真心を盛る。そのことによって、己をも調理し自他共に悟りへと導いてゆく。「洞山麻三斤」ではないが、遥《はる》か彼方《かなた》に仏があるのではない。己の手の中に有るのだ。

私の人生も三分の二があっという間に過ぎてしまった。私利私欲の為だけに己の一生を終わらせたくない。一人でも良い、私の生き様によって禅に恋する者が現れてくれないかと思う。

真剣に人格完成をめざし修行に励む先例はいくらでもある。砂の団子を供養した子供がその報いで来世に転輪王《てんりんおう》に生まれ変わったり、仏の形をまねて像を作り、手を合わせたら仏と心が通じ合った。そのようなことでも功徳があるのなら、生きた未来の仏陀《ぶつだ》を供養する典座職は智慧《ちえ》と悟りの宝庫ではないかと思う。

（修行定食　其の十四）

法《ほう》飯《はん》

材料：御飯、人参、干し椎茸《しいたけ》、牛蒡《ごぼう》、木耳《きくらげ》、木綿豆腐、乾燥湯葉、醬油《しようゆ》、味醂《みりん》、酒、かけ汁（昆布だし、酒、醬油、塩）

①干し椎茸は水でもどして薄切りにしておく。もどし汁はとっておく。木耳も水でもどし　細切りにしておく。湯葉は、ぬれ布巾《ふきん》の間にはさみ、柔らかくなったら短冊に切っておく。

②人参は銀杏《いちよう》切り、牛蒡はささがきにする。豆腐は水切りし、小さな角切りにしておく。

③椎茸のもどし汁に醬油、味醂、酒を合わせ具を煮る。

④かけ汁の材料を鍋《なべ》に合わせ、ひと煮立ちさせておく。

⑤器に御飯を盛って、具をのせ、かけ汁をかけて出来上がり。夏は冷や汁をかける。

十六　三心　喜んでいただく

六知事《ろくちじ》や、大衆の指導責任者である頭首典座《ちょうすてんぞ》は、一山の諸禅師、士への供養を勧めるにあたり、喜心《きしん》、老心《ろうしん》、大心《だいしん》を持ち続けるように。

そこで、まず喜心である。

喜心とは、喜悦《きえつ》の心をいう。

よく考えればいい。もし、われわれが天上、極楽界に生まれたら、この上ない楽しみばかりで、悟ろうとか修行をしようなど、思いもつかない。ましてや、仏、法、僧の宝へ供養する食など、作る必要もない。

よろずの教えの中《うち》、もっとも尊く、気貴いものが三宝《さんぼう》である。さらにいえば、諸神の帝王といわれる帝釈天《たいしゃくてん》はおろか、この世を治める転輪聖王《てんりんじょうおう》の気品ある尊さでさえ、この三宝の脚許《あしもと》にもおよびつかない。

『禅苑清規《ぜんねんしんぎ》』に、

――この世でもっとも尊く、汚れもなしの、超俗世間でゆったりとして、清浄無垢《しょうじょうむく》その人々は、お釈迦《しゃか》の弟子、つまり僧侶《そうりょ》が最高、これ以外のなにものがあろう。

そう、述べられている。

現在、たった今、こうして人間として生まれ、生かされて、その上、三宝が召し上がる、食事を賄わせていただく、これこそありがたい、大因縁であることよ。宇宙いっぱいに喜ぶべきといえよう。

それにしても思う。もし、私が地獄、餓鬼、畜生、修羅などの苦の世界に生まれ、仏縁のない八つの難所に生まれたとしたら、僧家に仏天のお加護を願ったところで、また、自らの手で、三宝に献供《けんぐ》しようとしても、この浄食はとうてい作れない。

このような苦界《くがい》にあればこそ、人は皆あがき苦しむ中で、自らの心を解《ほど》けないからである。

今、受け難し人身を受け、三宝に料理を作らせていただく。生かせていただいている感謝。ありがたい、今あるこの身。広大無辺の仏縁、永久に朽ちはてることのない、この仏恩である。

千年も万年も生まれ変り、死に変り、どこまでも続かせていただく。不徳な自分がこの典座を全うできるよう、一時一瞬の全身心を集中させて作るよう、心を込めてもらいたいものである。これは、千、万年生かせていただいている、われわれが良縁を結ぶ心がけである。これが、達観の心、いうところの喜心である。

仮に、わが身が転輪聖王となっても、三宝に供養するべく、食事作りの心がけがなければ、生涯益することはない。ただ、水に浮かぶ、泡のようなものである。

凡《およ》そ諸々《もろもろ》の知事《ちじ》・頭首《ちょうしゅ》の、職《しょく》に当《あ》たるに及《およ》びて、事《こと》を作《な》し勤《つと》めを作《な》すの時節《じせつ》は、喜《き》心《しん》・老心《ろうしん》・大心《だいしん》を保持《ほじ》すべき者《もの》なり。所謂《いわゆる》、喜心《きしん》とは、喜悦《きえつ》の心《こころ》なり。我《わ》れ若《も》し天《てん》上《じょう》に生《しょう》ぜば、楽《らく》に著《じゃく》して間無《ひまな》く、発心《ほっしん》すべからず、修行《しゅぎょう》も未《いま》だ便《べん》ならず、何《いか》に況《いわ》んや三宝供養《さんぼうくよう》の食《じき》を作《つく》るべけんやということを想《おも》うべし。万法《まんぼう》のなか、最尊貴《さいそんき》なる者《もの》は三宝《さんぼう》なり、最上勝《さいじょうしょう》なる者《もの》も三宝《さんぼう》なり。天帝《てんてい》も喩《たと》うるに非《あら》ず、輪王《りんのう》も比《くら》ぶるにあらず。『清規《しんぎ》』に云《い》う、「世間《せけん》の尊貴《そんき》にして、物外《もつげ》に優閑《ゆうかん》し、清浄無為《しょうじょうむい》なるは、衆僧《しゅぞう》を最《さい》と為《な》す」と。今吾《いまわ》れ幸《さいわ》いに人間《じんかん》に生《う》まれ、而《しか》も此《こ》の三宝受用《さんぼうじゅゆう》の食《じき》を作《つく》る、豈《あ》に大《だい》因縁《いんねん》に非《あら》ざらんや。尤《もっと》も以《もっ》て悦喜《えつき》すべきものなり。

又《また》、我《わ》れ若《も》し地獄《じごく》・餓鬼《がき》・畜生《ちくしょう》・修羅《しゅら》等《とう》の趣《しゅ》に生《う》まれ、又自余《またじよ》の八難処《はちなんしょ》に生《う》まれなば、僧力《そうりき》の覆身《ふくしん》を求《もと》むること有《あ》りと雖《いえど》も、手自《てずか》ら三宝《さんぼう》に供養《くよう》するの浄食《じょうじき》を作《つく》るべからざることを想《おも》うべし。其《そ》の苦器《くき》に依《よ》りて苦《く》を受《う》け、身心《しんじん》を縛《ばく》すればなり。今《いま》の生《しょう》に既《すで》に之《これ》を作《つく》る、悦《よろこ》ぶべきの生《しょう》なり、悦《よろこ》ぶべきの身《み》なり。曠大劫《こうだいごう》の良縁《りょうえん》なり、朽《く》つべからざるの功徳《くどく》なり。願《ねが》わくは、万生千生《まんしょうせんしょう》を以《もっ》て一日一時《いちにちいちじ》に摂《せっ》し、之《これ》を弁《べん》ずべく之《これ》を作《つく》るべし。能《よ》く千万生《せんまんしょう》の身《み》をして、良縁《りょうえん》に結《むす》ばしめんが為《ため》なり。此《か》の如《ごと》く観達《かんたつ》するの心《こころ》、乃《すなわ》ち喜心《きしん》なり。誠《まこと》に夫《そ》れ、縦《たと》い転輪聖王《てんりんじょうおう》の身《み》と作《な》るも、三宝《さんぼう》に供養《くよう》するの食《じき》を作《つく》るに非《あら》ざれば、終《つい》に其《そ》れ益無《えきな》し。唯《た》だ是《こ》れ、水沫泡焔《すいまつほうえん》の質《しつ》なるのみなり。

私が『典座教訓《てんぞきようくん》』に本格的にふれたのは、永平寺《えいへいじ》の典座寮で修行僧に食事を作っている時だった。寮友みんなで毎日輪読した。修行は、朝の二時から夜九時まで料理三昧《ざんまい》の日々。『典座教訓』がスポンジのごとく吸収されていったことを思い出す。どんなささいな所にも、喜心、老心、大心の三心を忘れないようにと、必死に修行した。毎日が失敗と発見の連続、沢山の切り傷と火傷《やけど》で絆創膏《ばんそうこう》だらけだった。包丁もまともに握ったこともない者が、二週間で二の膳《ぜん》の上げ膳が作れるようになるのだから、その必死さがどれだけすごいか想像できるだろう。ただひたすら工夫し経験を積んでゆくしかない。修行僧の命は、俺たちが支えているんだぞ、と云う。三宝を供養させていただく大いなる喜びに包まれていたことを思い出す。あれから二十七年が過ぎ、今でもあの時の三心のこころを忘れないで食と関わり続けている。

その間の時の流れの中に、何度か精進料理のブームも到来したが、『典座教訓』がブームになったことはない。天上界に暮らす現代人は、豪華で体裁だけの料理が好きなようで、今では、メタボという健康管理もままならない状態になっている。ロハスなどという言葉が流行《はや》っているが、三心は流行ったことがない。何とかしたいと思う。思いは先行するばかり、ただ諦《あきら》めないで一人でもいい心に響いてくれればと思う。

自分の喜心が伝わるにはどうしたら良いのか試行錯誤の連続だが、伝えたいことがある私はまったく幸福者だ。未来の仏陀《ぶっだ》に供養できる喜びを嚙《か》みしめ、生かされていることの喜悦を食を通じて伝えることが出来る。仏門にある者、そうでない者、すべての人に対して、身口意《しんくい》の三業《さんごう》でもって奉仕させていただく。誠に有り難いことである。

十七　三心　天地の思いやりを受ける

私がいう老心とは、父母の心である。たとえば両親が、目の中へ入れても痛くない、子を思う心である。

わが子を念《おも》うように、三法を心深く、長く念い続けなさい。本来のあるべきように、忠実に生きてゆく。子を持つ親の心は、どんなにその日暮しに困っていようとも、他人には、とうてい考えられないほど強く慈しんで、強い心で愛し育てる。その心は親それぞれで、他人にはとうていわからない。財の有る無しにかかわらず、ひたすら無事息災に育ってくれと祈っている。自分が寒くこごえようが、どれだけ暑かろうが、そんなことはいとわず子を守ることだけ考える。ただ、ねんごろにいつくしむその心以外、なに一つ親は求めない。

この心を発し、よく嚙《か》みしめるように熟知できる人、この心を充分にわきまえた人、まさに、これが悟りを得た人という。

典座は、水かげんをよく調べ、お米をよく洗い、ご飯を炊く。ただ、慈悲、慈愛の一筋である。炊事とはこれである。

お釈迦《しゃか》さまが遺《のこ》して下さった二十年の御命、その心は、ただただ、父、母の心と変らない。お釈迦さまは、われわれの行く末、結果がよかれなどおっしゃっていない。日々を素直に生きなさいと、ただこれだけを言い遺されたのである。

所謂《いわゆる》、老心《ろうしん》とは、父母《ぶも》の心《こころ》なり。譬《たと》えば父母《ぶも》の一子《いっし》を念《おも》うが若《ごと》し。念《おもい》を三宝《さんぽう》に存《そん》すること、一子《いっし》を念《おも》うが如《ごと》くするなり。貧者《ひんじゃ》も窮者《きゅうじゃ》も、強《つと》めて一子《いっし》を愛育《あいいく》す。其《そ》の志《こころざし》は如何《いかん》。外人《げにん》は識《し》らず、父《ちち》と作《な》り母《はは》と作《な》りて方《はじ》めて之《これ》を識《し》るなり。自身《じしん》の貧富《ひんぷ》を顧《かえり》みず、偏《ひと》えに吾《わ》が子《こ》の長大《ちょうだい》ならんことを念《おも》う。自《みずか》らの寒《さむ》きを顧《かえり》みず、自《みずか》らの熱《あつ》きを顧《かえり》みず、子《こ》を蔭《おお》い子《こ》を覆《おお》う。以為《おも》うに、親念切々《しんねんせつせつ》の至《いた》りなり。其《そ》の心《こころ》を発《おこ》すの人《ひと》は、能《よ》く之《これ》を識《し》り、其《そ》の心《こころ》に慣《なら》うの人《ひと》は、方《まさ》に之《これ》を覚《さと》る者《もの》なり。然《しか》れば乃《すなわ》ち、水《みず》を看《み》るも、穀《こく》を看《み》るも、皆《み》な、子《こ》を養《やしな》うの慈《じ》懇《こん》を存《そん》すべき者歟《ものか》。大師釈尊《だいししゃくそん》は、二十《にじゅう》年《ねん》の仏寿《ぶつじゅ》を分《わ》かつに於《よ》りて、末世《まっせ》の吾等《われら》を蔭《おお》う。其《そ》の意《こころ》は如何《いかん》。唯《た》だ父母《ぶも》の心《こころ》を垂《た》るるのみ。如来《にょらい》は、全《まった》く果《か》を求《もと》むべからず、亦《また》、富《とみ》を求《もと》むべからず。

老心とは、一言でいえば親切のことである。喜《き》心《しん》と老心《ろうしん》は分けて考えることは出来ない。よろこぶから親切になるのだ。我が子を思いやる親の心、慈悲心そのものである。親になって初めてこの可愛さがわかるというものだ。この慈悲心というものは、実は親もよく解らないのだ。人が何と言おうと笑おうと可愛くて仕方がない。底なしの愛である。もうこうなっては三昧《さんまい》の境地である。親がどのくらい慈しんでくれたのかなんて子にはわからないものである。可愛がることは、利害ではない。ただただ我が子が育ち行くさまが嬉《うれ》しくて嬉しくてしかたがないのだ。何が何でも自分の手で育てたい。本当に、廻《まわ》りから見れば他愛ないことでも、その他愛のなさが親の慈悲心である。

私にもそれだけの老心が有るのだろうか。この老心の箇所を読んでいると辛《つら》くなる。私には、三人の子供がいる。上の息子と娘はもう成人した。下の息子が高三で野球をしている。今年で最後だと言う試合を、こっそりと覗《のぞ》いてきた。私よりも背が大きくなり生意気な口を聞くようになったが、無心に球を追いかける姿を見ると、胸が熱くなる。

それと同じくらいに慈しむ心がなくては人を導くことなど出来ない。この老心が喜びとともに出ない間は、何をしても失敗することだろう。この老心を養っていくのが修行なのだ。

この慈悲はどこまでも深く底がない。煩悩の尽きるまで、尽きることのない煩悩の中で養ってゆくしかない。徹底的にばか者にならなくてはいけないのだ。

十八　三心　天地いっぱいをいただく

私のいう大心《だいしん》とは、大山《たいざん》、大海《たいかい》と同じである。純な心で包み、覆う意を込めている。つまり、どちらかにも片寄らずこだわらない、たゆとうとした生き方である。一両を手にして、軽いといって侮らず、一鈞《いっきん》の重さとはいえ、特別に重要視してはいけない。

春ののどやかな、小鳥たちの音色に誘われて、花咲きほこる里でのんびりすごす。ほろりほろり散る、落葉の秋景色を眺めていても、なんの心を愁うこともない。

四季の移ろいも、大宇宙からみれば、ただの一コマにしかすぎないのだ。軽い重いも一つに見る。

だから、そんな小さなことに心惑わされず、宇宙いっぱいに大の字を思い、大の字を深くつきとめ、大きく生きていけばいいだけである。

唐《とう》代末の夾山善会《かっさんぜんね》禅師が住職する僧堂の、一人の典座《てんぞ》和尚が、もし、大の字を体得していなかったらと、思わず笑ってしまった、その仕種《しぐさ》で、太原《たいげん》の孚上座《ふじょうざ》を悟らせることがなかったろう。

また、潙《い》山霊祐禅師《さんれいゆうぜんじ》も、この大の字をつかみ得なかったら、一本の柴《さい》を手にして、ぷっと三回吹いて、師である百丈《ひゃくじょう》禅師に渡すという、禅のはたらきはできなかったかも知れない。

さらに、こんな話も残されている。

一人の雲水が、洞山守初《とうざんしゅしょ》禅師に、

――仏とはどういうものですか。

すると、手にしていた麻の束を突き出して、

――麻三斤。

そう、答えた。これも大の字を知らなかったら、答えることもできなかったろう。

禅の奥儀を窮めた和尚を老師、または師家《しけ》と尊称するが、老師方は、充分に大の字を手に入れるが、大声で、人《にん》見て大法を説き示され、縁有る人々に、仏法の奥儀を窮めなさいと勧め、自らはさらに修行をし、人々が安らかならんと、骨を折って下さっている。いうところの、上求菩提《じょうぐぼだい》、下《げ》化衆生《けしゅじょう》である。これを片時も忘れてはいけない。

住職、知事、頭首《ちょうしゅ》、雲水のいず方々も、この三心を、決して忘れてはなるまい。

時に、嘉定《かてい》三年丁酉《ひのととり》の春、修行に励む後学の諸師、士に示して申し述べる。

観音導利興聖宝林住持伝法沙門道元《かんのんどうりこうしょうほうりんじゅうじでんぽうしゃもんどうげん》が記す。

所謂《いわゆる》、大心《だいしん》とは、其《そ》の心《こころ》を大山《たいざん》にし、其《そ》の心《こころ》を大海《たいかい》にして、偏無《へんな》く党無《とうな》き心《こころ》なり。

𨫒《りょう》を提《かか》げて軽《かる》しと為《な》さず、鈞《きん》を扛《あ》げて重《おも》しとすべからず。春声《しゅんせい》に引《ひ》かるるも春沢《しゅんたく》に游《あそ》ばず、秋色《しゅうしょく》を見《み》ると雖《いえど》も、更《さら》に秋心無《しゅうしんな》し。四運《しうん》を一景《いっけい》に競《きそ》わしめ、銖両《しゅりょう》を一目《いちもく》に視《み》る。是《こ》の一節《いっせつ》に於《おい》て、大《だい》の字《じ》を書《か》くべく、大《だい》の字《じ》を知《し》るべく、大《だい》の字《じ》を学《まな》ぶべきなり。

夾山《かっさん》の典座《てんぞ》、若《も》し大《だい》の字《じ》を学《まな》ばずば、不覚《ふかく》の一笑《いっしょう》もて、太原《たいげん》を度《ど》すること莫《な》からん。大潙禅師《だいいぜんじ》も、大《だい》の字《じ》を書《か》かずば、一茎柴《いっきょうさい》を取《と》りて、三《み》たび吹《ふ》くべからざらん。洞山和尚《とうざんおしょう》、大《だい》の字《じ》を知《し》らずば、三斤《さんきん》の麻《あさ》を拈《と》りて、一僧《いっそう》に示《しめ》すこと莫《な》からん。応《まさ》に知《し》るべし、向来《こうらい》の大善知識《だいぜんちしき》は、倶《とも》に是《こ》れ百草頭上《ひゃくそうとうじょう》に大《だい》の字《じ》を学《まな》び来《きた》りて、今乃《いますなわ》ち自《じ》在《ざい》に大声《だいせい》を作《な》し、大義《だいぎ》を説《と》き、大事《だいじ》を了《りょう》じ、大人《だいにん》を接《せっ》し、者箇《こ》一段《いちだん》の大事因縁《だいじいんねん》を成《じょう》就《じゅ》する者《もの》なることを。

住持《じゅうじ》・知事《ちじ》・頭首《ちょうしゅ》・雲衲《うんのう》、阿誰《たれ》か此《こ》の三種《さんしゅ》の心《こころ》を忘却《ぼうきゃく》する者《もの》ならんや。

旹《とき》に嘉禎三年王春《かていさんねんおうしゅん》、記《き》して後来《こうらい》の学道《がくどう》の君子《くんし》に示《しめ》すと云《い》う。観音導利院住持《かんのんどうりいんじゅうじ》、伝《でん》法沙門道元《ぼうしゃもんどうげん》、記《き》す。

文亀《ぶんき》二《に》年三月二十六日之《ねんさんがつにじゅうろくにちこれ》を書《しる》す。

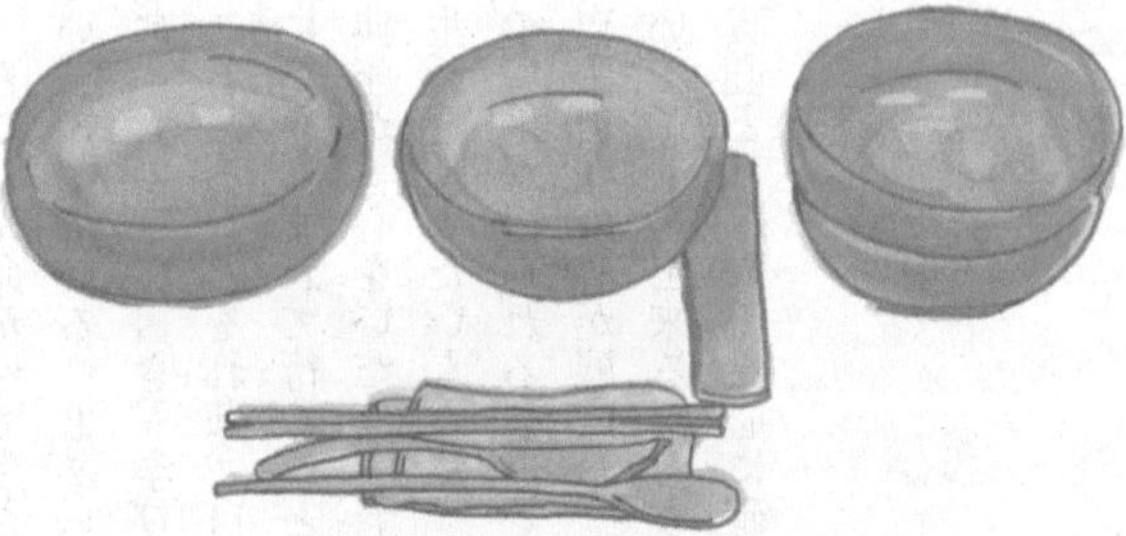

当時の禅寺の食器応量器と箸・匙。箸や匙は頭を左に置き、食事に取り掛かるまでの時間を短縮する工夫がなされている。

大心とは、心の中に大の字を書き、大の意味を知って、その本当に言わんとするところを考えてみることが大切である。と云う。

私は毎日、欲望や利害や損得に執着し、果は上等下等、好き嫌いという差別的な日常を送っている。何か事が有るごとに一喜一憂し、心が定まらない。

これでは、大心を文字に書き、唱えたところで、この心が私の中ににわかに現れるものでもない。だからいたずらに煩悩を隠すことはしたくない。全てのものが天上天下《てんじょうてんげ》唯我《ゆいが》独尊《どくそん》。ただ、春夏秋冬の廻《まわ》り来ることを喜び、心から楽しむ。煩悩全開の私でも生かして下さる素晴らしい力があり、それを感謝する心が有るかぎりは、とことん命がけで生ききりたいと思う。解らないことあらば、素直に教えを乞い、知っていることあらば親切に解るまで教える。

無心に「大の字を書き、学び、知る」そのことは、執着から解放され自由自在となることだろう。それは、自分だけではなく。知らずに、周りにいるものが大心の中にひきこまれて行くことでもある。

私も典座が喜心《きしん》をいだき、老心を込めて仏道修行に励み、大心を獲得してゆくような生活を営みたいものだ。仕事に心を配り、真心を込めていくならば、自然と大心の境地が得られるに違いない。そうして執着する心がなくなるならば、そこには自由自在の心が展開し、人生のあらゆる場面において、ゆとりを持って対処していくことが出来るだろう。

禅の真髄とは、大心を心に確立することに有ると云っても過言ではない。

道元禅師の生涯

柿沼忍昭

道元禅師の生まれは、正治《しょうじ》二年（一二〇〇）陰暦正月二日。父は後鳥羽《ごとば》院に仕える内大臣久我通親《こがみちちか》、母は摂政関白松殿基房《まつどのもとふさ》の三女伊子《いし》といわれる。最近の研究では、通親の次男通具《みちとも》が父との説もある。超名門のエリート。現在の京都市伏見《ふしみ》区の久我家の屋敷で生まれ、幼時は母方の祖父松殿基房の別宅、松殿山荘で育ったと考えられている。

どのような少年時代だったか。まず、凄《すご》いのは学問好き。『前漢書』『後漢書』『史記』などの中国の歴史書を好み、唐《とう》代の帝王学の本『貞観政要』まで読んでいる。四歳にして『李嶠《りきょう》百詠』、七歳で『毛詩』『左氏伝』、九歳で『倶舎論《くしゃろん》』をも読んだという。貴族の家に生まれ、幼い頃から貴族としての教養を身につけ、好んで書物を読みあさっていた。政治家として将来を約束されていた。だが、三歳の時に父が、そして八歳の時に母が亡くなってしまう。父母の死という無常を観じ、母の遺言によって、出家の決意を固めたといわれる。

そして十三歳春の夜、母の弟でのちに天台座主《ざす》となる良顕《りょうけん》を訪ね出家の相談をした。良顕は最初はいったん止めた。出家を巡っては一族の間で葛藤《かっとう》があったが、最終的には出家が認められた。禅師は奥比叡《おくひえい》、横川《よかわ》の首楞厳院《しゅりょうごんいん》の般若谷千光房《はんにゃだにせんこうぼう》に入り、見習小僧となった。

道元十四歳、天台座主公円《こうえん》について剃髪《ていはつ》し、受戒した。名を「仏法房道元」として天台僧となった。当時、比叡山は国家仏教の最高学府であった。しかし、僧は堕落していた。世俗化し、高僧達は名聞利達ばかり追い求めていたのである。そんな中、道元は修行に励んだ。救済の為の理論はもちろん、生き方としての仏教に強い関心を持った。

道元十五歳　基本教学を学んでゆく中で、悟りと修行に対して疑問が生じてきた。『本来本法性《ほんらいほんぽっしょう》、天然自性身《てんねんじしょうしん》』（『建撕記』人間はだれでも、生まれた時から仏の本性を備えている）ならば、何故、多くの仏達はわざわざ発心して修行したのだろうか。これは、人間にとって救いは可能か、人間が悟りと出会うことは可能なのかという人間観の根本問題にぶち当たったことだ。比叡山の高僧達にこの疑問を投げかけてみたが、誰も答えてくれなかった。そこで道元は三井寺《みいでら》の公胤《こういん》僧正を訪ねた。この道元の疑問は、悟りの本質に関わるものだ。公胤も答えることができなかった。だが、達磨《だるま》大師が伝えた禅宗という実践宗教なら疑問を解くことができるかもしれないと、建仁寺《けんにんじ》の栄西禅師を紹介した。

道元十八歳、比叡山から離れ建仁寺に身を寄せた。栄西禅師の伝えた大陸の禅に大きな魅力を感じたのだ。修行を始めた時、すでに栄西禅師は入滅していて、建仁寺住持（住職）は仏樹房明全《みょうぜん》だった。明全はかねてより宋《そう》に禅を学びたいと望んでいた。道元は明全に会い、大いに心を動かされ、同じく宋の国に渡り本格的に禅を学びたいという気持ちを起こしたのである。

道元二十四歳、明全らと宋へ渡る。明全はただちに天童山景徳寺《てんどうざんけいとくじ》で修行を始めたが、道元はしばらく船中に留《とど》まることになる。この時に、阿《あ》育王山《いくおうざん》の典座《てんぞ》が椎茸《しいたけ》を買いに来て、『典座教訓《てんぞきょうくん》』が生まれる運命の出会いをはたす。その三ヶ月後、道元は明全と合流し天童山で一年間、無《む》際了派《さいりょうは》の指導を受けた。その後、各地のお寺を訪問し教えを聞いたが、納得できる指導者にめぐりあわなかった。

道元二十六歳、本師天童如浄《にょじょう》に面会する。その一ヶ月後には明全との死別という転換点にいた。厳しい修行の日々、本物の出会いというのはすばらしい。たとえわずかな時間でもおろそかにせずに、なすべきことに専心することこそ人の生き方の基本であるということ、そのことに気づいた。すぐに如浄の部屋に行き、「身心脱落しきたる」と己の境地を伝えた。すると如浄は「脱落身心」といって悟りを認めたという。これで、比叡山で修行を始めてからずっと抱き続けてきた疑問が全て解けた。その後も道元は諸山を巡った。

道元二十八歳、如浄の法を嗣《つ》いだ道元は無事に帰国する。帰国後、縁故者を頼って挨拶《あいさつ》しながら各地を旅したのち、明全の遺骨と共に建仁寺に帰り、師の明全の遺骨を埋葬した。在宋中の噂は日本の関係者に伝わっていたと思う。新仏教の招来として期待され、重要な経典や仏像を日本に伝えるだろうと。だが、道元は何も持ち帰らず、如浄から嗣いだ法だけを日本に伝えた。「私はかりそめに天童山の如浄禅師に会ったが、この命のままで、眼は横に並び、鼻は縦についているという、当たり前のことを確認できた。そして最近、空手《てぶら》で国に帰ってきた。だから特別これが仏教だなどというものはない。そして、縁に任せて月日を過ごした。毎朝陽は東から出て、毎晩月は西に沈む。雲は晴れると山がよく見え、雨が通り過ぎると四方の山が低く見える。三年に一度は閏年《うるう》があり、明け方になれば鶏《とり》が鳴く」(永平広録《えいへいこうろく》)。これが道元が伝えた禅だ。「あるがまま」である。帰国後すぐに書き始めたのが『普勧坐禅儀《ふかんざぜんぎ》』で、坐禅の仕方と意味についての書をまとめている。これが立教開宗の宣言である。

道元三十一歳、宋に行っている四年間に、日本では災害や宗教間の対立などが相次ぎ、世の中は混乱していた。新興宗教が神の怒りを買ったため、災害や混乱が起こったという噂が立ち、道元は襲われた。京の町を追われ、深草《ふかくさ》の極楽寺別院の安養院《あんよういん》に閑居した。この地で『正法眼蔵弁道話《しょうぼうげんぞうべんどうわ》』を書き上げる。「坐禅こそ仏法の正道である。

ひたすら坐禅せよ」。これによりますます評判となり、多くの人が参集するようになった。

道元三十四歳、深草の安養院での閑居ののち、藤原教家《のりいえ》と正覚尼《しょうがくに》の要請を受けて、道元は禅の道場興聖寺《こうしょうじ》を建てた。施設は十分とはいえなかったが、日本初の夏の安居《あんご》が修行された（インドでは、四月半ばから三ヶ月間は雨期になり修行僧の遍歴が困難になるため、この時期は一定の場所にあつまって修行生活を送るようになった。この習慣が中国に伝わり、さらに道元が日本に伝えた）。

道元三十五歳、懐奘《えじょう》が参随して、道元の会話や、来客との対話、気楽な説示、説法などを書きとめ、『正法眼蔵随聞記《しょうぼうげんぞうずいもんき》』の記録を始める。この中にこんなことが記録されている。ある僧が道元に尋ねた。「悟りを得るのは、頭の良し悪しでないなら、修行のコツは何ですか」。道元は答えた。「ワクワクするような出会いを求める心と、必ず得てやろうと思う気持ちが重要なのだ」と。ほのぼのとするやり取りである。

道元三十七歳、僧堂を建て、本格的な指導を始めた。懐奘を、修行する僧侶《そうりょ》のリーダー「首座《しゅそ》」に任命し、教団はさらに拡大を続けていった。

道元三十八歳、『典座教訓』を書く。集団生活の維持の為に規則が必要になり、手始めに興聖寺の食事関係の役割を担当する、典座の職責を明らかにした。

道元四十四歳、越前志比庄《しびのしょう》に移る。積極的な布教が進むと天台宗の圧力が日増しに激しくなってきた上、興聖寺のすぐ目の前に臨済宗東福寺《とうふくじ》が開かれたこともあり、京での布教を断念し、志比庄の地頭波多野義重《はたのよししげ》のすすめで越前へ移る。「越の国」というのが、如浄の出身地であったことも関係して義重は道元に勧めたのであろう。志比庄についてから精力的に説法を行い、大仏寺《だいぶつじ》の建築が始まる。

道元四十六歳、初雪に歌を詠む。道元の和歌は『傘松道詠《さんしょうどうえい》』にまとめられている。その中で特に知られている和歌が、「春は花　夏ほととぎす　秋は月　冬雪さえてすずしかりけり」である。

道元四十七歳、修行道場としての準備が整い、修行僧の受け入れも可能となり、食事作法・給仕作法も確立して、『赴粥飯法《ふしゆくはんぽう》』を著す。大仏寺を傘松峰永平寺《さんしょうほうえいへいじ》と改める。寺名は仏教が中国に伝来した後漢の永平十一年からとり、正伝の仏法であることを強調している。道元は僧堂の上棟式での法語で、お釈迦《しゃか》様が誕生した時「天上天下唯我独尊《てんじょうてんげゆいがどくそん》」といったから、私は「天上天下当処永平《てんじょうてんげとうじよえいへい》」である、といっている。ここそ仏法が伝わる所であると宣言した。

道元四十八歳、執権北条時頼《ほうじょうときより》の懇請で鎌倉《かまくら》入りし、時頼の厚い帰依を受けた。道元はアジャセ王の話を説法し、時頼に菩薩戒《ぼさつかい》を授与する。武士達を教化したが、限界があることを感じ寺領の寄進を断り、翌年越前に帰る。

道元五十歳、道元は修行によって悟りに至った羅漢を尊重し、初めて永平寺で羅漢供養法会を営む。

道元五十三歳、体調を崩す。生死に対する信念から、自らの病気に即して語り始める。現実から逃れずに生老病死を受けとめて、人生を良かったと思えるようにするのが修行であると。病が重くなり、死を予感した道元は、最後の説法として『八大人《はちだいにん》覚《がく》』を説いた。懐奘に住職を譲り、そしてついに道元は永平寺を離れて上洛《じようらく》する。

道元五十四歳、建長《けんちよう》五年八月二十八日入寂。道元の遺骸は世話になった俗弟子の覚《かく》念《ねん》の屋敷から京都天神の小路にある草庵《そうあん》に運ばれた。その後、東山赤辻《あかつじ》の小寺に移し、(現在の円山《まるやま》公園南側の西行庵《さいぎようあん》裏)茶毘《だび》に付し収骨したといわれている。遺骨は懐奘に伴われ京を発《た》ち、永平寺に到着。九月十二日入涅槃《にゆうねはん》の儀式を行い、永平寺の西の隅に塔を建てる。『承陽庵《じようようあん》』と名付けられる。

遺偈《ゆいげ》　五十四年、第一天を照らす　箇《こ》の跨跳《ぼつちよう》を打して、大千を触破《そくは》す
　　咦《いい》
　　渾身覓《こんしんもとむ》る無く、活《い》きながら黄泉《こうせん》におつ

訳「私の人生はひたすら第一天、すなわち仏法を求め照らし続けてきた。この命、この場から跳び上がって、この迷いの三千大世界をぶち破ろう。ああ。全身求めるものは何もない。この人生で見続けてきた仏法を見続けてあの世に行こう」

道元禅師年譜

和暦	西暦	道元年齢	事項
正治二年	一二〇〇	1	一月二日、道元、京都に生まれる。
建仁二年	一二〇二	3	十月、父、久我通親死去。
承元一年	一二〇七	8	冬、母伊子死去。
建暦二年	一二一二	13	春、叔父の良顕を訪ねる。横川の般若谷千光房に入り、見習小僧となる。
建保一年	一二一三	14	四月、天台座主公円について正式に出家得度する。
建保五年	一二一七	18	八月、比叡山を辞し、建仁寺に入り、明全のもとで禅を学ぶ。

貞応二年	一二二三	24	二月、明全と宋へわたる。寧波に停泊中の船中で、阿育王山の典座と運命の出会いをする。
嘉禄一年	一二二五	26	五月、師天童如浄に面会する。その一ヶ月後明全と死別。如浄に「身心脱落しきたる」と己の境地を伝え、悟りを認められた。
安貞一年	一二二七	28	秋、如浄より嗣書を与えられ、宋から帰国する。『普勧坐禅儀』の著述を始め、坐禅の仕方と意味についての書をまとめる。これが立教開宗の宣言。
寛喜二年	一二三〇	31	京の町を追われ、深草の極楽寺別院の安養院に閑居。『正法眼蔵弁道話』を書き上げる。
寛喜三年	一二三一	32	『正法眼蔵』の著述を始める。
天福一年	一二三三	34	山城国に最初の禅の道場、興聖寺を建てる。

天福二年	一二三四	35	懐奘が参随して、『正法眼蔵随聞記』の記録を始める。
嘉禎三年	一二三七	38	『典座教訓』を書く。
寛元一年	一二四三	44	七月、波多野義重のすすめで越前へ移る。大仏寺の建築が始まる。
寛元四年	一二四六	47	六月、大仏寺を傘松峰永平寺と改める。
宝治一年	一二四七	48	八月、執権北条時頼の懇請で鎌倉入りする。
建長五年	一二五三	54	八月、入寂。

ビギナーズ　日本《にほん》の思想《しそう》

道元《どうげん》「典座教訓《てんぞきようくん》」

禅《ぜん》の食事《しよくじ》と心《こころ》

道元《どうげん》　藤井宗哲《ふじいそうてつ》＝訳・解説

平成21年 7月25日　初版発行
令和6年 3月15日　25版発行

発行者●山下直久

発行●株式会社KADOKAWA
〒102-8177　東京都千代田区富士見2-13-3
電話　0570-002-301（ナビダイヤル）

角川文庫 15809

印刷所●株式会社KADOKAWA
製本所●株式会社KADOKAWA

表紙画●和田三造

ISBN978-4-04-135412-4　C0115

角川文庫発刊に際して

角川源義

第二次世界大戦の敗北は、軍事力の敗北であった以上に、私たちの若い文化力の敗退であった。私たちの文化が戦争に対して如何に無力であり、単なるあだ花に過ぎなかったかを、私たちは身を以て体験し痛感した。西洋近代文化の摂取にとって、明治以後八十年の歳月は決して短かすぎたとは言えない。にもかかわらず、近代文化の伝統を確立し、自由な批判と柔軟な良識に富む文化層として自らを形成することに私たちは失敗して来た。そしてこれは、各層への文化の普及滲透を任務とする出版人の責任でもあった。

一九四五年以来、私たちは再び振出しに戻り、第一歩から踏み出すことを余儀なくされた。これは大きな不幸ではあるが、反面、これまでの混沌・未熟・歪曲の中にあった我が国の文化に秩序と確たる基礎を齎らすためには絶好の機会でもある。角川書店は、このような祖国の文化的危機にあたり、微力をも顧みず再建の礎石たるべき抱負と決意とをもって出発したが、ここに創立以来の念願を果すべく角川文庫を発刊する。これまで刊行されたあらゆる全集叢書文庫類の長所と短所とを検討し、古今東西の不朽の典籍を、良心的編集のもとに、廉価に、そして書架にふさわしい美本として、多くのひとびとに提供しようとする。しかし私たちは徒らに百科全書的な知識のジレッタントを作ることを目的とせず、あくまで祖国の文化に秩序と再建への道を示し、この文庫を角川書店の栄ある事業として、今後永久に継続発展せしめ、学芸と教養との殿堂として大成せんことを期したい。多くの読書子の愛情ある忠言と支持とによって、この希望と抱負とを完遂せしめられんことを願う。

一九四九年五月三日